良友

里的民国生活

# 民国里的上海

## 上海地方生活素描

本书编写组 编

上海科学技术文献出版社
Shanghai Scientific and Technological Literature Press

**图书在版编目（CIP）数据**

民国里的上海：上海地方生活素描 /《民国里的上海：上海地方生活素描》编写组编．—上海：上海科学技术文献出版社，2021
ISBN 978-7-5439-8306-9

Ⅰ．①民…　Ⅱ．①民…　Ⅲ．①社会生活—史料—上海—民国—摄影集　Ⅳ．① K295.1-64

中国版本图书馆 CIP 数据核字 (2021) 第 059506 号

选题策划：张　树
责任编辑：苏密娅　姚紫薇　张雪儿
封面设计：留白文化

民国里的上海：上海地方生活素描
MINGUO LI DE SHANGHAI: SHANGHAI DIFANG SHENGHUO SUMIAO
本书编写组　编
出版发行：上海科学技术文献出版社
地　　址：上海市长乐路 746 号
邮政编码：200040
经　　销：全国新华书店
印　　刷：常熟市人民印刷有限公司
开　　本：650mm×900mm　1/16
印　　张：17
字　　数：170 000
版　　次：2021 年 5 月第 1 版　2021 年 5 月第 1 次印刷
书　　号：ISBN 978-7-5439-8306-9
定　　价：58.00 元
http://www.sstlp.com

# 出版说明

有这么一本民国期刊，蒋介石题赠“文化先锋”，萨空了先生称之为“中国第一本画报”，最高发行量达4万份，代售处遍及“南洋群岛及世界各埠”……当人们谈起老上海情怀，说到民国文化的摩登时代，总喜欢用它来作为佐证，它就是《良友》画报——中国现代新闻出版史上出版时间最长、发行量最大、发行范围最广的刊物。

一本《良友》画报，如何能承载这些盛誉？

从1926年创刊到1945年终刊，《良友》画报共刊行172期，载彩图400余幅，选用照片32000余张……这数以万计的照片中，最吸引人的当然是《良友》的封面女郎，她们中有电影明星留下的妩媚身影（例如好莱坞的中国影星黄柳霜），也有社交名媛的秀丽倩影（例如《色·戒》的女主角原型郑苹如）。但其实这些封面女郎远远不能代表《良友》所蕴含的深远魅力。

《良友》超越时代的生命力，在于它的图片代表了民国时期纪实摄影的最高水准，每一张照片都堪称大时代生活的剪影画，每一册刊物都可谓是一本时代图像志。那些在内页中看起来尺幅不是非常大的图片，每一张都是一个深入民国历史方方面面的镜头。

此次付梓出版的“《良友》里的民国生活”丛书包括：《民国里的上海》《民国生活简史》《他们的民国》《在民国谋生》《民国亲历记》和《行走在民国》。这些图书内容或有电影明星叶秋心演绎的《小家庭第一课》；或有《新年的街头》中，傀儡戏、纸鸢、纸花、灯市、戏法、西洋镜等热热闹闹的场面；或有酱油、糖、蚕丝、汽油、木炭、纸张、油漆、汽水的制造过程；或有丰子恺、冯玉祥、洪深、马思聪、刘长春、黄柳霜、徐悲鸿等名人袒露胸襟的自传；或有随着《良友》全国摄影团考察民国16省的风土人情；或有领略边疆民族生活、交通状况、名城胜景的纪实。让人在娓娓道来的笔触与罕见的图片里，感触中华传统文化的魅力与传承。

为了保持《良友》的原貌，并将原刊精华准确地呈现给读者，我们仅对内容作了重排与审校，地名、人名、语言风格和一些词语的使用，以及少量英文标题和图题等，我们都没有作修改，也没有加编者注，完全依照原刊原貌呈现，希望读者能够给予理解。



在《良友》百期纪念特刊中曾有人写道，“《良友》无人不读，《良友》无所不在”。每位读者都能在这套丛书中发现自己的兴趣所在，找到那么一些感动自己的细节，发掘一些与自己的生活相关的部分……倘若这活生生、热乎乎的民国画卷能让你心有所感，那只能说明，这世间，确有一些文字与图片会有无穷的魔力，在历尽岁月洗礼后仍然熠熠生辉。

这，就是《良友》的价值所在，也是我们编辑此套图书的初衷。

编　者

2021年3月

# 目 录

# 上海地方生活素描

## 回力球场

（曹聚仁）

### 一、亚尔培路上的陷阱

聪明的猎户，他知道饿得慌了的虎豹，听见羊的哞哞叫声会是绝大的诱惑。在山谷里挖下深深的地窖，布置一个坚固的陷阱，阱底关了一只小羊，让她不断哞哞地叫着。虎豹向着哞哞的叫声走来，一踏上那松铺着的松枝树叶，整个儿陷落下去，无论怎样挣扎，总是不能出来，给猎户捉去作胜利品。在上海这大都市里，这一类陷阱很多很多；众人皆知的有两所，都在亚尔培路上：回力球场（注一）便其中之一。饿得慌了的小市民，给哞哞叫声诱了进去；一进了亚尔培路的球场大门，就休想出来。

人，一走进回力球场，他的意识情绪完全改变样儿了。他变成定命论者，变成多疑，易于冲动，利害关系克服了友谊，这样的野蛮人；他觉得自己的推测比谁都高明，准定会赢钱，可惜错过了机会；他如同吃醉了酒，一切节制的力量都消失掉了。

据回力球场老板的说法，这并不是赌博，这是最高尚的游戏。他替你们聘请世界上最有名的球员到上海来比赛，（注二）你可以赏鉴神出鬼没的赛球技术，你可以凭球员技术的高下来买票，你可自信有评判技术高下的眼力。假说是赌博，这的确不是赌博；因为无论哪一种赌博，总有碰着好运道赢大钱的人；惟有进回力球场的，千个中有九百九十九个半是输的，仿佛土财主碰着翻戏党，非倾家荡产不能脱身；这当然算不得是赌博了。朋友们知道我研究过回力球，问我：研究的结果怎样？我说："你若耐性听的话，让我从球场老板的魔术说起；假若不爱听，那请你不闻不问，不进回力球场是第一。"

回力球场老板，大概是一位最高明的魔术家，他能变五颜六色的纸片成为各式各样的钞票，谁也看不出其中的巧妙。这位高明的魔术家，他花很大的本钱，聘请了近四十位的回力球的优选球员，布置了一所四季咸宜的看台；他说，请你们来鉴赏球艺，娱乐娱乐。这样他的烟幕

亚尔培路回力球双打比赛之情形。

弹便布成了。其实他是坐在办公室里，办公桌上摊着博赛赢位（注三）数字排列盘，你仔细地把数字纸片和球员姓名的纸片，按着盘次分别排下去；仿佛教务处里的教务员，替教员排课程表，要教室不冲突，要时间不冲突，又要课程不冲突，排出一个适当的秩序来。秩序排好，比赛球员的名单便在广告上出现；隔一天晚上，球员便依照他所预定的秩序打了出来，排秩序单是容易的，但要人人上当而人人不觉其上当，这样巧妙的秩序单，那就不容易排了。那位聪明的老板，他十分懂得群众心理，进而利用群众心理，进而转移群众心理；许多心理学家在他的面前跌跟斗，可见他所运用手腕的高明了。

这位聪明的老板，我们应该称他为巨人才对；他把握了千千万万人的命运。巨人心里想：赌客所付予的Commission，那是我的维他命，我可不能使赌客太失望，万一赌客输怕了，我将“同归于尽”呢。可是他又想：我又不能让一部分人很容易地吃到甜头，替一部分人掠取大部分人的钱，简直是“自扳石头压脚背”，断绝自己的生路。他要赌客人人不输钱，又要使赌客人人不能赢钱，在这夹挡中，做出绝妙的文章来。

巨人的眼力是非常锐利的。他把千千万万的赌客分成五类，第一类是偶尔兴来，到球场来消遣消遣的。第二类是靠薪给过活的小市民，生活太困难，到球场来找外快；赢了一点当然开心，输了几块譬如买航空奖券，这回不着，下回再等机会。第三类是在球场混得久的赌客，他们都有很精密的记录，很丰富的经验，要想把这个大谜找出谜底来。第四类是资本很充足的赌客，他们依靠大量的助力来抓着机会。第五类是既不研究，也没有很多资本，只是赌兴很浓的赌客。第一二类的人最多，占百分之六十以上；巨人对于他们并不要应付，只因这两类人，可以训练成为第五类的赌客，总想法给他们吃一点甜味。第五类的人约占百分之三十五，巨人以他们的汗血为生命素，虽说新旧代谢，赌客不同，但比例数总要使他有增无减。第四类的大赌客，至多不过百分之三四，他们既不耐性研究，结果替巨人挣场面，巨人也不十分关心他们。一遇有绝大资本来设法操纵，巨人临时玩一点手法，就够使他们倒霉了。现在只留下绝少的第三类的赌客，巨人就聚精会神来和这些人作战；因为巨人知道这一类人虽然绝对少数，万一谜底被他们找到了，就可以制他的死命；而且第四类人容易成为第三类人的帮手；老虎生了翼子，巨人也没有办法了。巨人在办公室里焦思苦虑，排成一张百无一失的秩序单，那真不容易呢？



## 二、可怜的小市民

小市民是崇拜英雄的；他们记牢军事领袖的丰功伟业，他们记牢男女明星的琐闻轶事，他们谈论足球健将的粗细工夫；世间有一个出类拔萃的人，他们的脑子里，就留着一个相当的地位。他们带着这个观念走进回力球场，那位聪明的巨人，就为他们准备着一碗极合口味的菜蔬。

一个刚进回力球场的生客，他问同来的朋友："这些球员之间，谁的球艺最高明？"他的朋友告诉他："上八盘这六个球员，亚体儿伊甲苏顶好；下八盘那六个球员，拉摩史，后兰多真是头排货色，后兰多有一晚一连打出七盘。"他的朋友总算替巨人做一回义务宣传了。那位生客的脑里记住了这四位英雄的姓氏，他一动手买博赛券，就忘不了这四位英雄。试买了几回，果然这四位英雄时常打出几盘来，觉得赌回力球，真是容易的事，就放胆赌下去。经过了一些时日，他忽然觉得单买名手的券，赢钱的次数虽多，赢钱的数目太少，结果总是输的。偶尔买一张极坏的球员的券子，果然得胜了；赢的数目很大，一张依舍多的券比一张亚体儿的券有时要多到四五倍。他便改变方针，专买那些冷门，（注四）结果又是输了，于是他又改变方针。谁知买来买去，无有不输，大约有三四个月经验，输了三五百块钱，才知道英雄崇拜的观念对于他的钱包有许多不利，球艺的高下和比赛的结局没有什么关系，上场买券全不能把球艺当做买券的依据了。

回力球单打比赛中之情形。

经验使他放弃了英雄崇拜，经验又使他钻入数字的迷网中去。他无意之中觉得每日“一”“二”两个数字格外出得多，“三”“四”两个数字比较少一点，“五”“六”两个数字出得最少。（注五）因此他想仅买“一”或“二”，这回不着，下回递加了券数去买，总有一回买中的。试买了几回，也时常买中的；可是认真买下去，又是输钱，因为一晚或二晚不出“一”或“二”，递加的券数很不少；券数愈多，分得的钱愈少，即算买了，也还是捞不到本钱。大约又输了三五百块钱，买得数字的路也走不通的教训；“一”“二”“三”“四”“五”“六”这六个数字，无论买哪一个，归结总是要输钱的。久而久之，各方面所得的教训启发了他，才知道买独赢要输钱，买位置也要输钱；买双独赢要输钱，买连赢位也要输钱。小本钱零买几张要输钱，大本钱递加券数买也要输钱；瞎碰运气要输钱，天天做记录，天天想门路也要输钱。没输过钱的，看得轻松容易，要到那儿去捞好运的要输钱；输了好多钱，仔细谨慎要想捞本钱的也还是要输钱。千千万万的小市民，就源源向那无底的陷阱纳捐似的一天一天填下去就是了。曾经有过这样一位赌客，他梦梦不知的时候，一晚间赢了一千三百多块钱，他就狂喜了；后来他送给球场的总数目，比所赢的多过十倍。又有一位银行小职员，在那里送了一万以上的公款；一位小少爷，把三五万家私送掉，在场上捏了券子断气。此外还有种种结局：跳黄浦，吃安眠药，或则逃失无踪。

上海亚尔培路上开设回力球场的年数不算少了；蚩蚩群氓，“人皆以为圣”，事实上不过给那巨人玩猴子似的当做把戏玩。渺茫的幸运的追求，使大家今天巴望明天，这月巴望下月，今年巴望明年，巴望得什么都是一场空，还不肯断下念头，真是可哀极了！然而你若认真地告诉他们，每盘独赢位置的数字，完全由场中事前排定的，至少有三分之二的赌客不相信你。你若告诉他，不独排列数字有一定的，每盘各球员所得的数也是一定的，（注六）那其余三分之一的赌客也不相信你了。被巨人所玩弄，而自己永远不自觉，扮演了悲剧的主角，而自己还以为在找寻幸运，真是叔本华所谓“羔羊的命运”呢！

## 三、几幅变态心理的图画

一位日本人。

他手上捏了五张伊甲苏的博赛券，嘴里拼命抽劣质香烟，那烟味薰得刺人。看伊甲苏打上一分了，眼球突出，两脚微微站起，想替伊甲苏助点力。伊甲苏给杜拉地打败了。他垂头坐了下来，把烟抽得更起紧；嘴里咕噜咕噜说不清。第二次编列依甲苏，又赢得一分了，他又紧张起来，照旧要替伊甲苏助点力。伊甲苏又失败了，他骂了一句“马鹿”，把五张博赛券捏成一团丢在地上，用皮鞋拼命在券上踹。再轮一转，依甲苏又赢得一分，他重新把券子拾起来，眼球更突出了。可是依甲苏又失败了，他先把香烟丢在地下，用力地踹；接着又把博赛券丢在地下，踏在脚底下。在第四次轮过来，伊甲苏打满了五分，他揩揩额上的汗，从脚底取出券子来，带着笑容领钱去。

* * * *

某兄弟。

他们两人的椅子前，散满各式各样的赛券，有的已经撕破了，有的搓成一团，有的完整地折成两叠。茶房告诉我，他们两人那一晚连位置都没有赢到过。两人手上拿着六七张独赢券五六张双独赢券，四双手在那里发抖，手尖上都是汗。他们买的是五号的沙特浪谷，打了三分，给亚尔培地赢去了。铁青着脸坐在椅子上发呆。依他们的衣服看去，大概是小店员。弟弟从皮夹中拿出最后十块钱，哥哥接在手里迟疑不决。终于站了起来，买一张四号沙特浪谷的大票，（每张十元）一头揩汗，一头发抖，抖到椅子上来。连椅子的所在都有点糊涂，坐到我的椅上来了。我扶着他坐向他自己的椅子，低声告诉他："你们研究的程度还差得远哩！"他呆看了我一回，长叹一声，道："赌博也要研究的吗？"我笑道："勿研究门径，胡乱送钱的，叫做'瘟猪'！"他又长叹一声。

从那天以后，那兄弟两人差不多三个星期不见踪迹，大概一个月的薪水那天送完了。

* * * *

一位戴红帽顶的阔太少。

从皮夹里抽出二十张的十元钞票，交给茶房，吩咐茶房买五号杜乐仙的独赢，那时杜乐仙刚到上海来，冷门。那一盘杜乐仙只得了一分，输了。又抽出二百元来再买四号的杜乐仙，又输了。从第九盘到第十四盘，他一盘不间断地买了六盘，完全输了，共输一千二百元。第十五盘，他改买三号的依思高，又输了二百元。第十六盘，他再买二号依思高，又输了。可是杜乐仙在第十五盘上得了位置，第十六盘得了独赢。他那晚输了一千六百元，可是他心里想，假使他再买两盘杜乐仙，可以赢四百多块了。

假使他再买两盘杜乐仙，杜乐仙一定没有独赢可得，那是无疑的。但是他带着懊悔自己不追赶杜乐仙的心理回家去呢！

* * * *

一位年轻的少奶奶。

她的丈夫敲敲香烟灰，从皮夹里取出一叠钞票交给少奶奶。"独赢"，"双独赢"，胡乱买了许多张，输了；再接买一盘，又输了；一叠钞票，看它少下去少下去。只留了一张十块的。她叫茶房买一张欧兰加的大票，又输了。她的丈夫对她笑笑，她板起脸孔不理她的丈夫。铃响了，她叫她的丈夫再给她三百块，她的丈夫和声地对她说：

"瞎来是勿灵格！"

"耐自家也输脱呒淘成啘！尼输仔二三百块钱，就啥勿灵格！勿关事，拿来！"

说到后来，她有点气恼了。她丈夫依旧给她二百块，在第十三盘上赢了一笔钱，到了第十五盘，她又只剩五六十块了。最后的命运更不济，在第十六盘，完全送给"三六"，"六三"的连赢位上。她哭了，她的丈夫扶她走下阶石，轻轻对她说：

"瞎来来是勿灵格！"

她摔脱她丈夫的手，呆在庭柱边发气了。散了工出来的茶房，大家立在那儿看她，她才用手帕揩干眼泪向大门走去。

（注一）回力球源起于西班牙，一种极剧烈的球类运动。盛行于西班牙；南美北美一带。在欧美只有红蓝赛一种，单打或双打，其性质与比赛网球相同。上海回力球场，六人分组比赛，以先得五分者为第一，次多数为第二，系场主由跑狗成法变化出来的。

（注二）上海回力球场所聘球员，有由西班牙来的，有由古巴来的，有由加拿大来的，如后兰多、拉摩司、亚尔培地、皮浪多，均系世界名手；月薪有高在二千元以上。惟职业球员并不能自由竞赛，场主有绝对支配权。名手的技艺愈高，愈在危险的机会愈能显出他的本能，真所谓间不容发。

（注三）每晚比球十六盘，上下八盘各由六人组一球队；分别比赛。赌客各依自己的推测买各球员的券子，分双独赢独赢位置三种，每券二元。球员得第一者为独赢，得第二者为位置。猜中了两盘的独赢，为双独赢。每券所分得的彩金，依所售出券数公平分配。（除去百分之十二的球场佣金。）售出的券数少，分得的彩金多；售出的券数多，分得的彩金少，数目全无一定。第“四”“八”“十一”“十六”四盘，自去年增加“连赢位”券。

（注四）有些球员，得胜的机会多，大家都买他的券，就成为热门。有些球员，简直不得“赢位”，就变成冷门。

极热的热门，如甲组的后兰多，乙组的亚体儿，有时只分得四块钱。

（注五）每日“一”“二”“三”“四”“五”“六”六个数字所出次数，成“五”“四”“三”比例。“一”“二”每月十二分之五，“三”“四”每月十二分之四，“五”“六”每月十二分之三。“一”“二”常是热门，“五”“六”常是冷门。这也是球场预定计划之一。

（注六）球员上一盘所得分数，与下一盘冷热门有关。球场有意造热门或冷门，就叫球员照他的主意来得分。

（注七）我研究回力球，整整一年八个月。有三篇文章在写，一篇是学术论文，题名机遇在历史上之地位。去年八月，德国大数理学家莱痕巴赫博士（Dr. Hans Reichenbach）代表土耳其出席第八届国际哲学大会，宣读那篇有名的“概然概念对于知识的意义”——我的论文，和他的主张大致相同；他从数理入手来解释自然现象，我从历史入手来解释社会现象，得到的相接近的结论。欧洲的概然论，起源于赌博，和它密切相关的归纳问题，也从“下注”

球员正手击球之表演。

得来；我的研究对象——回力球，也是一种赌博。一篇是劝世文，题名回力球必输论证。回力球场每年所得百万金都是小市民经年累月的血汗钱；我用图表来客观证明必输的缘由和实在数目，给小市民一张有用的备忘录。还有，便是这一篇，试来分析回力球场的群众心理，希望能写成一篇比较有趣的杂感小品。

# 弄　堂

（穆木天）

如果一个异乡的，而尤其是远处的异乡的旅人，在他的不断的旅途中，在这东方的巴黎里停滞上几天的话，他心中会唤起来巡礼者的情绪的。乘着电车或公共汽车，在大上海的大动脉和大静脉般的街道上，循环了一遭，在车舟纷忙人群杂沓之中，在摩天楼，夜街市的灯光闪耀之中，他对着种种不同国度不同地方的人们的面孔，倾听着他们嘈杂的话语，望着他们奇形异状的衣服装饰，他是会千奇百怪地纳闷着的。他怕会在心里自问："高鼻碧眼的大人们，总会有他们的安乐之巢，可是，那些侬阿侬地说话的中国人，究竟是住在哪里呢？"

也许那个旅人，在他的家乡中，或者在他的旅途中，听见过人家说在上海有所谓"弄堂"的那个字眼。可是"弄堂"这个字眼，对于他，是神秘的，是不可解的。那是同"猪猡"，"台基"等等字眼同样地不可解。翻遍了各样的大字典，他恐怕都找不出来"猪猡"是什么的意义，同样，恐怕他翻遍了字典也找不出来"弄堂"是一种什么情形的东西。如您翻开法国的拉露丝大字典，您可以晓得法国建筑的构造图，可是弄堂的构造图，在中国的好些大字典中，怕是发现不到的。

"弄堂"这个字眼，对于他是神秘的，"弄堂"的实际情形，对于他更是神秘的，如果那一个旅人不在上海居住一个长期的时间的话。可是，在摩天楼的拱抱中，在汽车、电车、人力车、手推车的交流的缠绕中，“弄堂”的存在，的确是一种神秘。现实的神秘！殖民地的神秘！

如果有人向您问：“弄堂”是一个什么样的东西？那么，您得怎样回答呢？您可以说：“弄堂”是四四方方一座城，里边是一排一排的房子，一层楼的，二层楼的，三层楼的，还有四层楼的单间或双间房子，构成了好多好多的小胡同子，可是，那座小城的围墙，同封建的城垣不一样，而是一些朝着马路开门的市房。也许，您的回答，使听者更为莫明其妙的。实在说，不亲临其境的人，不实践“弄堂”生活的人，是不会晓得什么是“弄堂”的奥妙的。

有一些弄堂，是具有着浓厚的氛围气的。那种典型的地方彩色，在我们的异乡人的眼眼中看来，是非常古老而且鲜艳的。那里住着典型的说“啊啦”话的人家，在过着典型的地道生活。如果您走哪里去的话，可以得到好些好

这也是一排一排的房子，一层楼的，二层楼的……

弄堂这个字眼是神秘的，弄堂的实际情形也是神秘的。

些见所未见闻所未闻的事。那些事情，是在有“红头阿三”（注：上海称印度巡捕为阿三）把门的高等华人居住的弄堂中所目睹不见的形形色色。而那种形形色色，在异乡人的目前，更呈出一种特别的印象来。

如果您是一个异乡的旅人，想要在上海居住一个期间的话，假定您的生活条件并不优裕，您是尽可以到那些“弄堂”里去租一间房间。但是最好是要找一个朋友做向导和翻译。若不然，不但连房子都找不到，而且还要挨女二房东的臭骂。被“老上海”或冒充“老上海”的朋友领导着，是可以很合路线地去找房子的。沿街走去，可以注意到在电线杆上和两边墙壁上有一些红纸帖。那些红纸帖是招租广告，不过写着“天皇皇地皇皇”的字样的红纸帖也不少。如果向导不指给您看弄堂门口的话，也许您不得其门而入都说不定。巷口多半是有油盐店，酱园一类的商店，在弄堂门祠里，十九是可以发现到一个掌破鞋的靴匠摊子，和一个卖连环图画的旧书摊。那您可以在弄堂口上把招租纸再检阅一下。随后，就可以到弄堂里去寻找出租的房号了。初次见弄堂里的房屋，或者会疑惑到那是一些放大的鸽子笼或缩形的庙宇，或者也会联想到那同前门外的八大胡同一类的地方有点相似。如果您要找哪一家的房子的话，可以敲他家的后门。在上海，靠做二房东生活的人家，多半是由后门出入的。当您看一看要租的房间的势局时，二房东则一定要问您作什么生意，然后，讲好房金，付好定洋，就可以随时搬进去了。那样一来，您就可以开始作弄堂生活的欣赏啦。

下午您搬进的房间里，如果不是夏天的话，您倒感不到特别地异样的景象。不管您住的前楼还是亭子间还是什么名目的房间，您总会觉得这回是进了牢笼了。四外都是房子，除了仰头到四十五度的角度以上才看得见的天空。再不会瞅见其他任何的自然，大都市的激动的神经强烈的刺激，也更到不了您那里来。在人群的中间待着，您会感到比在沙漠旷野更为孤独。每日的饮食，以及大小便，简直成为一个极难解决的问题。也许您当时一时想不到解决办法，除非您的向导顺便地给您买一马桶来。总之，初次的弄堂生活的印象，只是孤独与无聊。

到第二天早晨醒过来，那您就觉得到了另一个世界了。如跑马的奔驰声音，如庙里的木鱼声动，又如在日

东家的主妇，西家的女仆，在鼓吹弄堂的舆论。

不管你住的前楼还是亭子间，你总会觉得这回是进了牢笼了。

本东京清早的木屐响声，您听见弄堂里响起不调和的合奏乐。永远是同样的乐器，接接连连地合奏着。那足足持续到一个钟头两个钟头的光景。不细细地去思索，真不晓得是一些什么器乐。您起来，您可以听见有一些山歌般地“咿唔嚷哑”的调子喊叫起来了。这时，开始了弄堂中的交响乐，您就越发要觉得神秘了。如果您出去到被称作“老虎灶”的开水铺里去打白开水的话，那就可以，对于您适才听到的合奏乐，用您的联想，作一个答案！从后门口望去，家家都有一个或两个红油漆的马桶，在后门口陈列着。那种罗列成行的样子，又令人想起像是一种大阅兵式，方才的马桶合奏乐，又令人怀疑到是野战的演习了。卖青菜的挑子，在弄堂里巡游着。

从后门望去，家家都有一个或两个马桶，在后门陈列着。

家家的主妇或女仆，在后门外，同卖菜者争讲着，调情的样子，吵闹着。到处水渍，腥气，那令您不得已要在嘴里含一支香烟。也许您会因之就坠入沉思，想象着上海的马桶和汽车的文化来了。

馄饨担子，骗小孩子的卖玩具的小车，卖油炸豆腐的卖酒酿的，一切的叫卖，一切的喧声，又构成弄堂的交响乐。如果是冬季或春秋的话，那些比较地道的弄堂，这一类交响乐，大都是限制于上午的。在不和谐的弄堂交响乐中，更可以看见在后门外有各种不同的滑稽小戏的表演。东家的主妇，西家的女仆，在那里制造弄堂的新闻，鼓吹弄堂的舆论。如果您能够懂他们的哝啊哝的话语的话，就可以听到好多好多的珍闻逸事。就是不懂那些话语，您也可以把那当做一幕一幕的哑剧去观赏。在那种哑剧中，又以看东家的男仆同西家的主妇是身份平等，您也看出来一切的表情上的生动真实。为的买青菜省一个铜元，勤俭治家的主妇，有时，也舍得向卖菜人送一个飞动的秋波。这种弄堂里的活剧，若是到了夏天，更要大规模地扮演了。母夜叉孙二娘穿到黑香云纱裤子，手拿着鹅毛扇，可以在弄堂里表演她的神通。到处摆着椅凳,人们团团地聚坐着，尤其是晚上，到处可以看出人浪来。女人的黑裤，排列起来，如果您不小心，她们的突出的臂部的双曲线就会碰到您的身上。这时作看门巡捕的，又有了很好的享受时机。在习习的晚风里，产生了浪漫史和悲喜剧的连环图画。马桶之神所统治着的那些弄堂，又成了一个没有一根草的夜花园了。那也就是黑裤党的大沪饭店和百乐门跳舞厅啊。

弄堂房子中的那些密集的房间，是有一些美丽的名称的：后楼，阁楼，亭子间；可是，那些美的名称，正是给人以相反的印象。若是小姐住在后楼里，一定会想找一个不管什么样的丈夫好搬到前楼里头，亭子间，到不像亭子，而像是一个水门汀的套椁，阁楼原来是棚板上的一块空间，更是徒有虚名了。然而，这样，才是同马桶文明相调和呢！

现在，这种马桶文明的弄堂，越发不景气了。马路大街中，终年看得见大减价的招牌，弄堂的门口，招租纸也是终年地贴张着。到处演着减租和欠租的悲喜剧，可是，马桶的交响曲，是不是也奏出悲音来了呢！恐怕珍闻逸事在量上是更丰富了。然而坐在马桶上谈笑自如的一家之主妇，怕是更加坚决地去保持它的传统啦。

八 · 十二日

# 大 饭 店

（洪　深）

大饭店，八层，九层，十三层，廿二层，高高的洋房，人们在老远的就可以瞧见了。

大饭店里面是豪奢，舒适，和某一种行动的自由。

那日常的许多人过着的辛勤，劳苦，尖锐地奋斗着的世界，似乎到大饭店的门口就划止了，里面好像是另外一个世界。



宽畅的房间，大理石的墙和地，历史的时代的木器——饭厅是乔治式的，寝室是路易四世式的——厚厚的地毯，软软的卧床；这里，一个旅客也可以得到安静与休息，如果他暂时地用不着和外面的世界接触的话！

可是，一位忙勤的旅客，也可以把大饭店当做他的大本营——电话，长途电话，报告政治和商业消息的无线电，饭店内附设的邮件收发处，电报收发处，转运公司，银行；以及敏捷的干练的礼貌的供驱使的人，侍应生，招待，露天通事，临时书记，临时打字员，导游者，帮助购物者，代办车票船票飞机票者，代办戏票者；理发匠，修指甲匠，成衣匠，鞋匠；甚至短期的异性伴侣，俄国的，葡萄牙的，法国英国美国的，西方的东方的——凡是有钱的旅客所会发生的需要，这里就有一个专以满足这种须要为职业的人等待着，听候使唤。

华懋·上海大饭店之一。

廿四层高耸的国际饭店·上海大饭店之二。

百乐门·上海大饭店之三。



这里，一个人可以自己做最少的工作，而过着最充分的生活。汽车才到门口，便有穿着制服的门役，抢着开你的车门。你在登记簿上签了名姓，便有整洁秀丽的侍应生，替你提着皮包，领你到你的寝室。你如果要洗浴，有人会替你放冷热水。你如果想安息，有人会替你把皮包打开，取出睡衣，放在床边，取出拖鞋，放在床旁。电话就在你的床头小几上，旁有最新的电话簿。那几上还有一册圣经，这是预备你睡眠前诵读的。几上的玻璃桌面之下，又压着一张早餐菜单；这是预备你第二天早上醒了之后，打电话点菜，躺在床上吃的。你如果住到两天以上，那开升降机的侍应生就会记得你是住在第几层，不用你再吩咐：那饭厅里的侍应生也会晓得你喜欢吃面包或土司，不用你再开口。

在大饭店里，“拍马”已经能从科学上出发。美国的饭店大王司答脱勒曾经写过一篇小册子，讲起他是怎样的用着心思，以谋旅客们的安适。譬如，一个旅客睡到半夜觉得寒冷的时候，一般旅馆的办法，是由旅客打电话给账房，再由账房令侍应生送去毯子。但这是一种麻烦手续，很多旅客宁愿冻一夜而不愿意费事打电话的。于是司答脱勒便用心思，改在每个房里，多预备一条毯子，卷起放在脚凳上。但是又有很多旅客，以为这种毯子是常被使用而

新亚·上海大饭店之四。

华安·上海大饭店之五。

扬子·上海大饭店之六。

不会洁净的，仍是不愿用。于是司答脱勒又用一番心思，把每条毯子，用布包起来，布上印着洗衣作的牌号，和洗涤的日期。

他又说，某次一位性急的旅客，要吃热汤。那侍应生把汤端来的时候，汤盆上有一个银盖子。旅客把盖子一摸，是冷的；他便大骂侍应生。侍应生一声不辩，仍是满面堆笑地恭敬地把银盖移去，盆里的汤确是热气腾腾的。那客人才不做声了。这件事给司答脱勒看见，他大大的责备那侍应生的不是。他说，"你虽没有开口和客人抬扛，但你开去盖子，显出热汤，是拿事实去和客人抬扛了；他心里一定是不高兴的。"那个侍应生问，"那末应当怎样对付这位客人呢？"司答脱勒说，"你应当先为'冷汤'抱歉，把汤盘连盖端下，稍过一刻，开去了盖子，仍把这盆热汤端上，那客人就不觉得是他自己弄错而感到难堪了。”

在上海的几个大饭店里，侍应的方法，还不够这样科学。但他们也严格地被训练过，不许做三件事：第一，客人在房里谈话的时候，无论谈得声音多么响，侍应生不许听见；第二，客人们在饮酒吃饭说笑话的时候，无论说得怎样发噱，侍应生在桌后不许发笑；第三，侍应生不许为旅客们寻异性伴侣；但如果一个男客领着他的“太太”来住宿，侍应生不许记得这位客人的“太太”，在不同的日子会有不同的面貌。

上海的旅馆业非常发达，这是有它的经济理由的。上海的地价高，一般人所在的房子都很小，并且有几个人家合住一宅的。所以在上海，只有那有钱人才能在家里宴客；普通人的宴乐饮博，总是到菜馆和到旅馆里去“开房间”的。这里，现代的享乐工具，应有尽有；一个每月只赚五十块钱的人，在“开房间”的一天，他可以生活得像赚五百块钱的人一样。摩登家具，电话，电扇，收音机，中菜部，西菜部，伺候不敢不周到的茶房，这一天小市民在旅馆里，和百万富翁在他的私家花园里，气焰般有什么两样。当然的，这些在中国的旅馆里开房间的人，从来不到西式的大饭店里开房间。一个原因是钱不够，许多事不能做。

我有一位朋友在上海某一个大饭店里，喊到过俄国私娼，不幸另一位朋友在同一饭店里，因为挟妓被经理“请”出去。老实说，在大饭店里，你不但得多花钱，你还得真

“在行”，不论是点菜，或是寻女人。

全中国的饭店中，只有青岛的中国旅行社招待所，真是不许你赌博的。即使你自己带了牌去，你亦无法叉麻将，因为所有的桌子，全是三角形而不是四方形的。但青岛只是个“一匹马的小城”（One-horse town），而旅行社的招待所，也算不得大饭店。

廿四，八，十二。

# 上海的茶楼

（郁达夫）

茶，当然是中国的产品。尔雅释槚为苦荼，早采为茶，晚采为茗。茶经分门别类，一曰茶，二曰槚，三曰蔎，四曰茗，五曰荈。神农食经，说茗茶宜久服，令人有功悦志。华佗食论，也说苦茶久食，益意思。因此中国人，差不多人人爱吃茶，天天要吃茶；柴米油盐酱醋茶，将茶列入了开门七件事之一，为每人每日所不能缺的东西。

外国人的茶，最初当然也系由中国输入的奢侈品，所谓梯，泰（Tea, The'）等音，说不定还是闽粤一带，土人呼茶的字眼。日记大家 Pepys 头一次吃到茶的时候，还娓娓说到它的滋味性质，大书特书，记在他的那部可宝贵的日记里。外国人尚且推崇如此，也难怪在出产地的中国，遍地都是卢仝陆羽的信徒了。

茶店的始祖，不知是那个人；但古时集社，想来总也少不了茶茗的供设；风传到了晋代，嗜茶者众多，该是茶楼酒馆的极盛之期。以后一直下来，大约世界越乱，国民经济越不充裕的时候，茶馆店的生意也一定越好。何以见得？因为价廉物美，只消有几个钱，就可以在茶楼住半日，见到许多友人，发些牢骚，谈些闲天的缘故。

上面所说的，是关于茶及茶楼的一般的话；上海的茶楼，情形却有点儿不同，这原也像人口过多，五方杂

青莲阁·上海茶楼之一。

仝羽春·上海茶楼之二。

处的大都会中常有的现象，不过在上海，这一种畸形的发达更要使人觉得奇怪而已。

上海的水陆码头，交通要道，以及人口密聚的地方的茶楼，顾客大抵是帮里的人。上茶馆里去解决的事情，第一是是非的公断，即所谓吃讲茶；第二是拐带的商量，女人的跟人逃走，大半的是借茶楼出发的；第三，才是一般好事的人的去消磨时间。所以上海的茶楼，若没这一批人的支持，营业是维持不过去的；而全上海的茶楼总数之中，以专营这一种营业的茶店占五分之四；其余的一分，像城隍庙里的几家，像小菜场附近的有些，才是名副其实，供人以饮料的茶店。

譬如有某先生的一批徒弟，在某处做了一宗生意，其后更有某先生的同辈的徒弟们出来干涉了，或想分一点肥，或是牺牲者请出来的调人，或者竟系在当场因两不接头而起冲突的诸事件发生之后，大家要开谈判了，就约定时间，约定伙伴，上茶馆里去。这时候，参集的人，自然是愈多愈好，文讲讲不下来，改日也许再去武讲的；比他们长一辈的先生们，当然要等到最后不能解决的时候，才来上场。这些帮里的人，也有着便衣的巡捕，也有穿私服的暗探，上面没有公事下来，或牺牲者未进呈子之先，他们当然都是那一票生意经的股东。这是吃讲茶的一般情形，结果大抵由理屈者方面惠茶钞，也许更上饭馆子去吃一次饭都说不定。至于赎票，私奔，或拐带等事情的谈判，表面上的当事人人数

一乐天·上海茶楼之三。

茶楼中一个茶客。

自然还要减少；但周围上下，目光炯炯，侧耳探头，装作毫不相干的神气，或坐或立地埋伏在四面的人，为数却也绝不会少，不过紧急事情不发生，他们就可以不必出来罢了。从前的日升楼，现在的一乐天，仝羽居，四海升平楼等大茶馆，家家虽则都有禁吃讲茶的牌子挂在那里，但实际上顾客要吃起讲茶来，你又哪里禁止得住他们。

除了这一批有正经任务的短帮茶客之外，日日于一定的时间来一定的地方作顾客的，才是真正的卢仝陆羽们。他们大抵是既有闲而又有钱的上海中产的住民；吃过午饭，或者早晨一早，他们的两只脚，自然往熟的地方走。看报也在那里，吃点心也在那里，与日日见面的几个熟人谈推背图的实现，说东洋人的打仗，报告邻右一家小户人家公鸡的生蛋也就在那里。



物以类聚，地借人传，像在跑马厅的附近，城隍庙的境内的许多茶店，多半是或系弄古玩，或系养鸟儿，或者也有专喜欢听说书的专家茶客的集会之所。像湖心亭，春风得意楼等处，虽则并无专门的副作用留存着，可是有时候，却也会集茶客的大成，坐得济济一堂，把各色有专门嗜好的茶人尽吸在一处的。

至如有女招待的吃茶处，以及游戏场的露天茶棚之类，内容不同，顾客的性质与种类自然又各别了。

上海的茶店业，既然发达到了如此的极盛，自然，随茶店而起的副业，也要必然地滋生出来。第一，卖烧饼，油包，以及小吃品的摊贩，当然是等于眉毛之于眼睛一样，一定是家家茶店门口或近处都有的。第二，是卖假古董小玩意的商人了，你只要在热闹市场里的茶楼上坐一两个钟头，像这一种小商人起码可以遇见到十人以上。第三，是算命，测字，看相的人。第四，这总算是最新的一种营业者，而数目却也最多，就是航空奖券的推销员。至如卖小报，拾香烟蒂头，以及糖果香烟的叫卖人等，都是这游戏场中所共有的附属物，还算不得上海茶楼的一种特点。

还有茶楼的夜市，也是上海地方最著名的一种色彩。小时候在乡下，每听见去过上海的人，谈到四马路青莲阁四海升平楼的人肉市场，同在听天方夜潭一样，往往不能够相信。现在因国民经济破产，人口集中都市的结果，这一种肉阵的排列和拉撕的悲喜剧，都不必限于茶楼，也不必限于四马路一角才看得见了，所以不谈。

# 证券交易所

（茅　盾　陆志庠写像）

门前的马路并不宽阔。两部汽车勉强能够并排过去。门面也不见得雄伟。说是不见得怎么雄伟，为的是想起了爱多亚路那纱布交易所大门前二十多步高的石级。自然，在这“香粉弄”一带，它已经是唯一体面的大建筑了。我这里说的是华商证券交易所的新屋。

直望进去，一条颇长的甬道，两列四根的大石柱阻住了视线。再进一步就是“市场”了。跟大戏院的池子仿佛。后方上面就是会叫许多人笑也叫许多人哭的“拍板台”。

正在午前十一时，紧急关头，拍到了“二十关”。池子里活是一个蜂房。请你不要想象这所谓池子的也有一排一排的椅子，跟大戏院的池子似的。这里是一个小凳子也不会有的，人全站着，外圈是来看市面准备买或卖的——你不妨说他们大半小本钱的“散户”，自然也不少“抢帽子”的。他们不是那吵闹得耳朵痛的数目字潮声的主使。他们有些是仰起了头，朝台上看，——请你不要误会，那卷起袖子直到肩胛边的拍板人并没有什么好看，而且也不会看出什么道理来的；他们是看着台后像“背景”似的显出“×××库券”，“×月期”……之类的“戏目”（姑且拿“戏目”作个比方罢），特别是这“戏目”上面那时时变动的电光

很大的圆形水泥矮栏，像一张大的圆桌面似，将他们范围变成一个人圈。

这当儿，池子里做交易的叫喊。

靠柱子边的一张椅子里有一位弓着背似乎在转着念头，跳黄浦呢，吞生鸦片烟？

记数牌。这高高在上小小的嵌在台后墙上的横长方形，时时刻刻跳动着红字的亚剌伯数目字，一并排四个，两个是单位“元”以下。像我们在普通账单上常常看见的式子，这两个小数下边有一条横线。红色，字体可也不小，因而在池子里各处都可以看得明明白白。这小小的红色电光的数目字是人们创造，是人们使它刻刻在变，但是它掌握着人们的“命运”。

不——应当说是少数人创造那红色电光的纪录，使它刻刻在变，使它成为较多数人的不可测的“命运”。谁是那较多数呢？提肝吊胆望着它的人们，池子外圈的人们自然是的，——而他们同时也是这魔法的红色电光纪录的助成者，虽然是盲目的助成者，可是在他们以外还有更多的没有来亲眼看着自己的“命运”升沉的人们，他们住在上海各处，在中国各处，然而这里台上的红色电光的一跳会决定了他们的破产或者发财。

被外圈的人们包在中央的，这才是那吵得耳朵痛的数目字潮声的发动器。很大的圆形水泥矮栏，像一张极大的圆桌面似的，将他们范围成一个人圈。他们是许多经纪人手下做交易的，他们的手和嘴牵动着台上墙头那红色电光数目字的变化。然而他们跟那红色电光一样本身不过是一种器械，使用他们的人——经纪人，或者正交叉着两臂站在近旁，或者正在和人咬耳朵。忽然有个伙子匆匆跑来，于是那经纪人就赶紧跑到池子外他的小房间去听电话了，他挂上了听筒再跑到池子里，说不定那红色电光就会有一次新的跳动，所有池子里外圈的人们会有一次新的紧张——撑不住要笑的，咬紧牙关眼泪往肚子里吞的，谁知道呢，便是那位经纪人在接电话以前也是不知道的。他也是程度上稍稍不同的一种器械罢了。

半圆圈上面这里那里坐着几个人，在记录着什么，肃静地一点声音都没有。

池子外边的两旁，——上面是像戏院里“包厢”似的月楼了，摆着一些长椅子，这些椅子似乎从来不会被同一屁股坐上一刻钟或二十分的，然而亦似乎不会从来没有人光顾，做了半天冷板凳的。这边，有两位咬着耳朵密谈；那边，又是两位在压低了嗓子争论什么。靠柱子边的一张椅子里有一位弓着背抱了头，似乎转着念头：跳黄浦呢，吞

始终是旋风似的，海潮似的。

生鸦片烟？那边又有一位，——坐在望得见那魔法的红色电光纪录牌的所在，手拿着小本子和铅笔，用心地纪录着，像画“宝路”似的，他相信公债的涨落也有一定的“路”的。

也有女的。挂在男子臂上，太年轻而时髦的女客，似乎只是一同进来看看。那边有一位中年的，上等的衣料却不是顶时式的裁制，和一位中年男子并排站着，仰起了脸。电光的红字跳一，她就推推那男子的臂膊；红字再跳一，她慌慌张张把男子拉在一边哜哜喳喳低声说了好一大片。

一位胡子刮得光光的，只穿了绸短衬裤，在人堆里晃来晃去踱方步，一边踱，一边频频用手掌拍着额角。

这当儿，池子里的做交易的叫喊始终是旋风似的，海潮似的。

你如果到上面月楼的铁栏杆边往下面一看，你会忽然想到了旧小说里的神仙“只听得下面杀声直冲，拨开云头一看。”你会清清楚楚看到中央的人圈怎样把手掌伸出缩回，而外圈的人们怎样钻来钻去，像大风雨前的蚂蚁。你还会看见时时有一团小东西，那是纸团，跟钮子一般模样的，从各方面飞到那中央的人圈。你会想到神仙们的祭起法宝来罢？

有这么一个纸团从月楼飞下去了。你于是留心到这宛然各在云端的月楼那半圆形罢。这半圆圈上这里那里坐着几个人，在记录着什么，肃静地一点声音都没有。他们背后墙上挂着些经纪人代表的字号牌子。谁能预先知道他们掷下去的纸团是使空头们哭的呢还是笑的？

无稽的谣言吹进了交易所里会激起债券涨落的大波

风。人们是在谣言中幻想，在谣言中兴奋，或者吓出了灵魂。没有比他们更敏感的了。然而这对于谣言的敏感要是没有了，公债市场也就不成其为市场了。人心就是这么一种怪东西。

# 上海街头文化
## ON THE SIDE-WALKS OF SHANGHAI

（陈嘉震摄）

*Professional scribes doing the reading and writing or letters for the illiterate at a very modest charge.*

代写家信，每封小洋一角。佣妇工人，是他们的长年主顾。

*Back-number magazines and secondhand books are sold at a tenth of its original price here. A place haunted by the learned poor.*

各种中西旧书，廉价出售，是一般穷而好学的低徊之地。

*Printed handwriting copies by ancient calligraphists.*
各种临写字帖，颜柳欧苏，应有尽有。小学生随意选购。

*A stationery stand in front of a book store.*
写大字用大笔，写小字用小笔。还有信笺信封，样样俱全。

*Pictures of popular interest displayed on the wall, like a free charge exhibition.*
是街头的美术展览会。这里有十九路军的抗日图，有八仙打麻将，有西湖风景，也有美女出浴图。代价也不贵，是人人看得懂，人人买得起的美术品。

*Cheap fountain-pens.*

自来墨水笔，国货的，舶来的全有，每支五角整，十分便宜。

*News stand.*

申报，新闻报，时事新报，各种画报，各种杂志，这儿都有，不必跑到四马路。

*Pictorial story-books.*

连环图画，十个铜板看全套。西游记，封神传，还有渔光曲，啼笑姻缘，无一不备。

*Beggers with their open letter to the public unfolded on the ground.*

在一切街头文化中，还有一种我们不能遗漏。那便是满纸辛酸，不忍卒读的流浪人的乞怜的文章，在路旁等待慈善家的青眼。

# 车轮交响乐——都会早晨的轮声
# WHEELS OF THE CITY

（嘉　震）

*The eternal flow of city traffic.*

人力推动的，机械运转的，是各式各样的车；坐在车子里舒舒服服的，走在马路上频频忙忙的，是各式各样的人！这一切的声音混合起来，便成为洪大的交响乐；在都会的早晨里每天演奏着。

**上午七点钟**

*Not field guns but peaceful clumsy carts.*

从黑夜的酣睡中醒来，阳光照满了大地，七点钟第一次摆动的是小货车的木轮，这是每天工作十二小时的一群，是最劳苦的劳苦大众。

**上午八点钟**

*Squeeze the child in first.*

伫候在电车站的是工厂的，洋行的，大百货店的职员们。电车的铃声是都会早晨交响乐的第二部曲。

**上午九点钟**

*The morning rush for office.*

九点钟的时候，坐着包车的是那一班较为高级的智力劳动者，他们是大商业机关的部长，主任，或是小商店的老板和经理。小资产阶级便是这第三部曲的演奏者。

**上午十点钟**

*Where the question of parking sets in.*

交响乐的第四部压尾曲是肥大的汽轮声和震人的喇叭声，上面坐的是老板，经理，和大掮客，他们每天工作从一小时到四五个小时。当这最雄大的乐音扬起之后，便完结了“都会的早晨”，也完结了这交响乐的最后的一部。

## 街头之什

（马国亮）

### 迷惘的眼睛

傍晚，日是短的，南京路的霓虹灯都吐出光来了。

我们很热心地跟着乔跑。刚才他对我们说：“昨天我画了两张东西，觉得很高兴！”我们的目的便是去看他的两张东西。

到了他的又是画室，又是会客室与睡房的寓所，他昨天的成绩便出现在我们的面前。一张是两个女人的戏装，另一张是一个孩子的半身像。头上，一顶破旧的红帽子；面，是拙劣的设计的一个花脸；淡的眉毛下面藏着两只迷惘的小眼睛。

乔在生活的挣扎中，还不曾忘掉他多年来所最同情的老伙伴们，这是可喜的。自己正在想的时候，他的声音打断了：

“这是几个流浪的卖艺者，昨天从马路上带回来的。”乔说，他指着那个半身的脸像，表示了他在绘画上感到的兴趣之后，然后摇着他的头，带着感伤的音调：“可怜的孩子，他自己也不知道他将来的前途是怎样的罢！”

凝望着这画面，我无言。

前途！生在这罪恶之手所支配着的时代，他如何能有什么前途？

人间的爱遗弃了他，社会把他忘怀了。除了每天流浪，从东到西，抛着竹竿儿，唱着小曲儿，去换取他每天的食粮之外，从少年到中年而至老年，他能有什么前途？

生，无人爱顾；死，无人关怀，或是流一滴眼泪，一声叹息！只有，只有背上的重压是一天天地加增。万千的人们就是那么地生活着。这，便是几千年来所谓的人类的进化！

在这一双迷惘的，像给浓雾障盖着的眼睛，其中蕴含着多少屈辱，被欺骗与不公平！

但是，除非太阳永不再到人间来，否则浓雾必有消散的一天，眼睛也终有张大了，清楚地去决定他自己的前途之一日。



## 肉的贩卖者

虽然是三月，天气还是这么的冷。独个儿在贵州路走着，寻着到南京路的方向。时间已经是午夜的十二时三刻了。

快走到南京路的时候，一种急促而细碎的步音起在我的背后，接着是微弱的沙哑的声音：

“先生，到我们这里白相白相吧。”

我回转头，一种浓浊的粉香扑过来——一个女人！

我朝后只是很快的一瞥：她的脸，这么的瘦削，厚薄不匀的粉盖不住她憔悴的皮色，小的鼻子冷得通红。

我有点惊怯，不单是袋里没有多少钱，而且我没有这

些经验。

声音依旧跟在后边：

“先生，一个儿要到啥地方去呢，到我们这里白相……”

神经很紧张的现在宽弛下来了。我要说句话来拒绝她，但我要说什么话呢？

“先生，做做好事，已经三天不曾接过一个客人……”手在轻轻地拉着我的袖。

我感到一种重重的压迫。

我明白，生活的鞭子夹着了痛咒和恶詈在鞭打着她，她正向我哭诉。这哭诉是一个痛苦的重负的求援，她要我替她肩起了这重负，而我，却正感受着无力肩起这重负的压迫。

因为，在我袋里的，凑起来也不够一块钱啊。

这句话终于逼了出来：“我没有钱。”

“先生说话客气得来……用不着花多少钱。”拉我底袖子的手更扯得起劲。

“真的，说老实话，我没有钱。”我立定了脚步，我的表示不是开玩笑的脸望着她的脸。我感到一种使她失望的难过。

然而这脸，这憔悴的带着苦笑底脸，依旧是这么热望地。

“先生，客气话不要多说，辰光不早啦！”扯着衣袖的手依旧是这样起劲。

我低了头走，她在后面跟，不知在什么时候我已走在南京路上。

我感到了更大的压迫，我再回过头，我说，“辰光不早啦，早点去找别个客人……”

我忽然发觉她停止了跟着我的脚步，并且，似乎是仓皇地朝后闪入了横路，我又看见一个高个子的全身黑色甚至连脸孔也是黑色的汉子横着马路走过来，是一个巡捕！

他走近我身边来，带着好意的笑脸。

“野鸡讨厌得来！”打着上海白，一列白的牙齿露在两片黑的嘴唇中间。

一种说不出的难过压在我心头。他给我解围并不使我有对他表示感谢的意思，而且我还想着要对他说：“大家都是挣饭吃的呵！”

但是立刻我知道即使说了他也未必懂的。望了他一眼，我便低头仍旧走我的路。

## 不老实的人

从妹妹的家里出来，二十二路的公共汽车已经没有了。打算坐黄包车到西摩路，然后再坐电车回家。

我喊了一辆黄包车到身边来。

“西摩路，”我说。

“西摩路，去的，两角钱。”

“西摩路口爱文义路，有电车路那边。”我怕他会弄错了似的。

“是的，先生，我晓得，电车路旁边的西摩路口。”

我坐上车。

一刻工夫，他拉到一个路口，车子便停了下来。

“西摩路到了。”他说，正在我怀疑的时候。

“你弄错了，我说是那边的西摩路口呀，电车路那边。”我觉得他有意存心骗我，我再补上一句，“爱文义路

电车路那边，早和你说好的。”

他揩着脸上的汗，“西摩路口就是这里，”那么冷冷地，“我没有大英照会。”

车子没有英租界的牌照，自然拉不到那边去，然而他不该骗我啦。我有点恼了。

我忽然想起，早上正看到了得所从广州寄回来的摄影记稿，里面也记着一段黄包车夫存心敲他竹杠的事，最后那车夫说，“先生，我知道是坏的，都是为了穷！”

我又看见他那么不屈不挠地，卷起了布衫揩汗，全不把我瞧在眼里的样子。我忽然觉得他可爱起来。站在他面前，我倒有点感到惭愧了。

没有多说一句话，我给了他两角钱，走我的路。

仿佛听到了黎明前雄鸡的啼声，我知道睡着的人们已经在准备起来了。

# 穷人的街头
# *SCENES OF THE MEAN STREET*

（摄影者：新声社黄英）

*This is a little circus at the corner of the street.*

“瞧瞧，先生这是咱们的街头。咱们够不上上海马戏场，这便是咱们的马戏……”

*This little moving theater finds popularity among the masses.*

“咱们也没听什么梅兰芳，马连良的份儿，谁听的起呀，一张票就起码要一块几毛钱！这就是咱们的梅兰芳马连良啦：瞧瞧不是一样粉装的脸！还来得更娇小呢！”

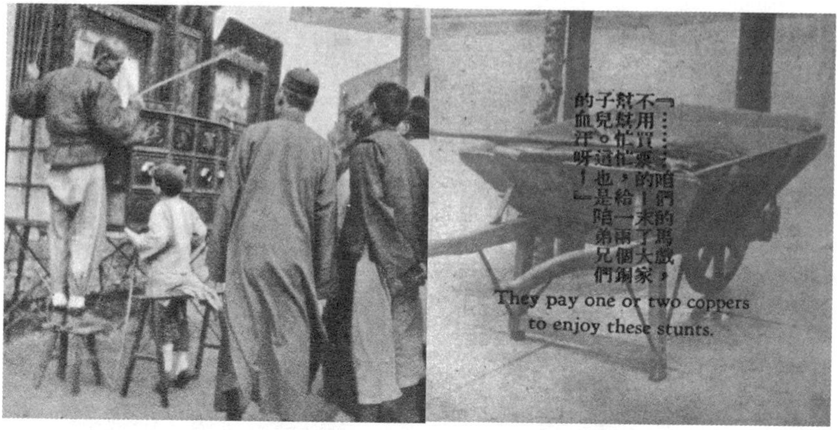


*They pay one or two coppers to enjoy these stunts.*

“……咱们的马戏不用买票！末了大家帮帮忙，给一两个铜子儿。这也是咱弟兄们的血汗呀！”

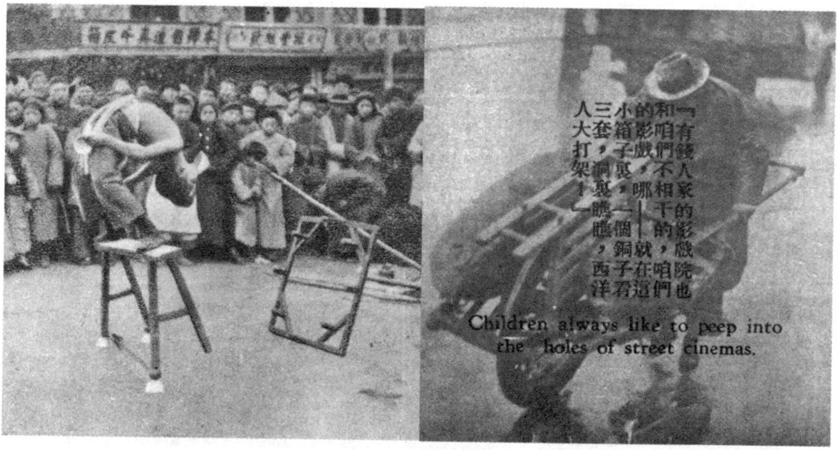


*Children always like to peep into the holes of street cinemas.*

“有钱人家的影戏院也和咱们不相干，咱们的影戏，那——就在这小箱子里一个铜子看三套，洞里瞧瞧，西洋人大打架！”

*A typical view of the second-hand store where things are sold cheap.*

"这是咱们的百货大商店，帽啦衣衫啦，这儿全有！价钱也便宜，顶上好的鞋子三角钱买一双，给先生的太太听见，真要笑跌下巴啦！高跟鞋便是几十块，可不是？"

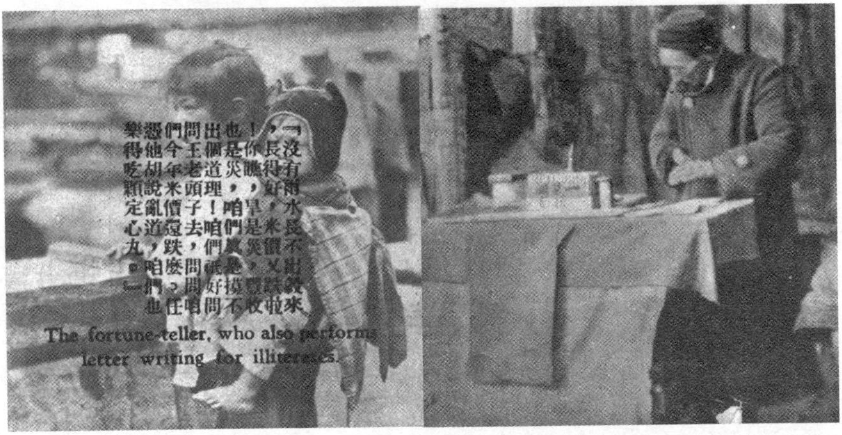

*The fortune-teller, who also performs letter writing for illiteracies.*

"没有雨水长不出谷来，长得好，米价又跌啦！你瞧，旱是灾，丰收也是灾，咱们真是摸不出个道理！咱们只好问问王老头子去，问问咱们今年米价还跌么。任凭他胡说乱道，咱们也乐得吃颗定心丸。"

*A public reading place at the corner of the street.*

"咱们的图书馆就在街边，连环图书济公书，白蛇精全有的！咱们只认得几个字，瞧瞧图画也好。"

*The food vendor who provides delicious but cheap food for laborers.*

"这就是咱们的大饭店啦！咱们吃的什么吗？说出来你也不懂的。但是咱们弟兄一天到晚辛苦的唯一报酬，就是这些了。其实还有咱们的许多事情你也不懂的，先生。比方说，在我们，能够有一碗吃的已经很不容易啦，你知道？"

# 十字街头
## *AS THE EYE OF CAMERAS SAW*

（黄　英摄）

姊姊说："弟弟，你勿顽，姊姊教你怎样玩。"

"来，来来，姊姊妹妹，大家游戏大家相爱。"

几个人同走一对脚。

“命中有时终须有，命中无时莫强求。”

“大家一齐用力拉！纤绳拉得肩背麻。”

“背着背，几时方才罢？筋肉肌肤尽晒暴日下。”

“苦力的呼声，猪猡的哀声，哪一样较为悲苦些？”

耶稣说：“凡劳苦负重者我赐你安。”

上海街头

*Armored car for bank.*
运银车。

*Removal truck.*
搬场车。

*Six-wheels loading truck.*
载重六轮大汽车。

*Small two-wheel loading cart.*
小双轮货车（俗称老虎车）。

*Large two wheel loading cart.*
大双轮货车（俗称榻车）。

*One-wheel barrow.*
独轮车（俗称小车）。

*The delivery box cart.*
脚踏货箱车。

*Postal truck.*
邮政包裹车。

*Gasoline truck.*
汽油运送车。

*Ordure cart.*
收粪车（俗称马桶车）。

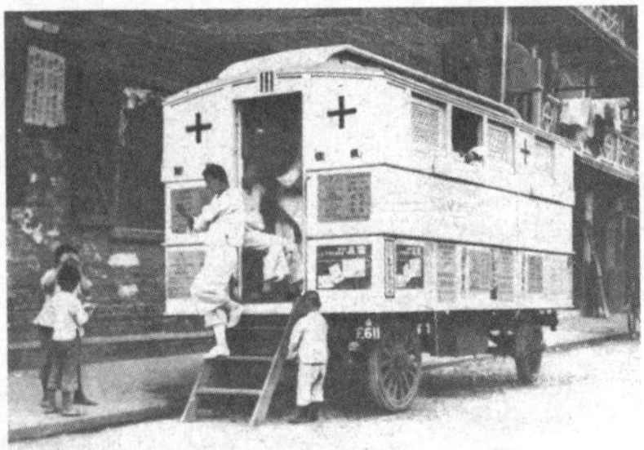

*Ambulance.*
移动医院（红十字会防疫注射车）。

*Fireman's wagons.*
救火车。

*Delivery tricycle.*
送货脚踏车。

*Milk wagon.*
牛奶车。

*Suction truck.*
大粪车。

*Sewer cart.*
污水车。

*Funeral car.*
殡仪汽车。

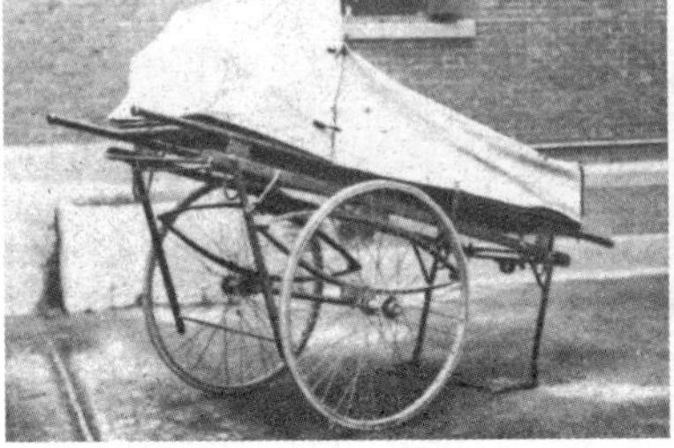

*Corpse cart.*
医院运尸车。

*Toy riding carts.*
婴孩车。

*Tanks.*
坦克炮机关车。

*Artillery carriage.*
迫击炮车（法租界安南兵用）。

*Armored car.*
军用铁甲汽车。

*Funeral coach.*
殡仪马车。

*Toy motorcar.*
儿童自由车。

*Toy tricycle.*
儿童脚踏三轮车。

# 街头巷尾
## *STREET SCENES*

（许鹤龄摄）

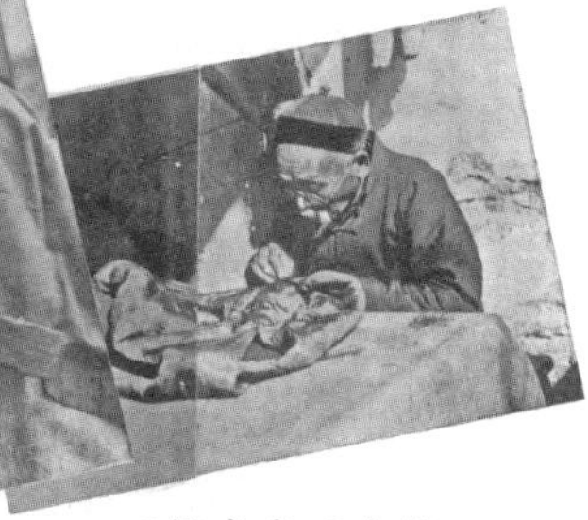

只恨年年压金线……

平民食堂中的一个豆腐西施……

东洋饼，又酥又软，孩子看见口流涎……

“五百二，一百六，找回三百六……”

养儿防老，积谷防饥，我家无谷也无儿……

国以民为本，民以食为天，食食食，但愿大家有得食……

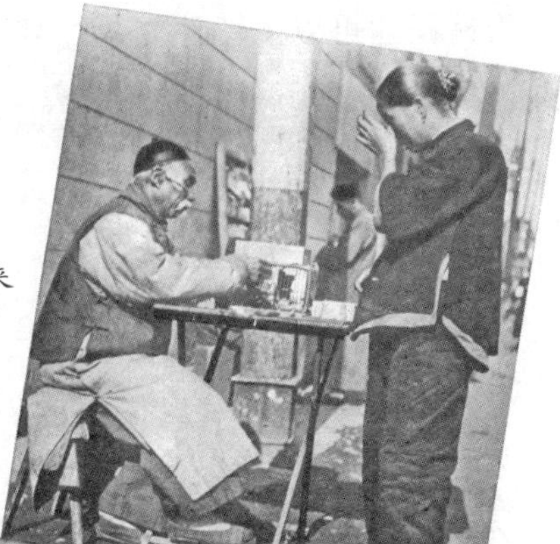

“阿祥夫君得知上月寄来洋钿六元已经得收……”

“一个铜板转一转，两个铜板转三转……”

# 仲夏夜之梦
# *MID–SUMMER NIGHT'S DREAM*

（谭志超摄）

在人口已经达到了饱和点的孤岛里，一般劳苦大众的住宿问题本来就受到严重的打击，尤其是在这火炙般的夏夜，他们在白天已整日流着辛苦的汗，晚上还不能得到一点安舒的地方去休息。当草棚或灶披间里的闷热使他们透不过气来的时候，蚊虫和臭虫又乘机肆虐，他们只有挟着破败的草席奔到街头找一个迎着风向的角落去露宿一宵，因为这样才可以从“仲夏夜之梦”境中，暂时脱离了辛酸痛苦的现实，获得片刻的慰藉。

*When the master is in the office. The waiting ricksha puller enjoys a "beauty sleep."*
他趁主人舞兴方酣的空儿打一个瞌盹。

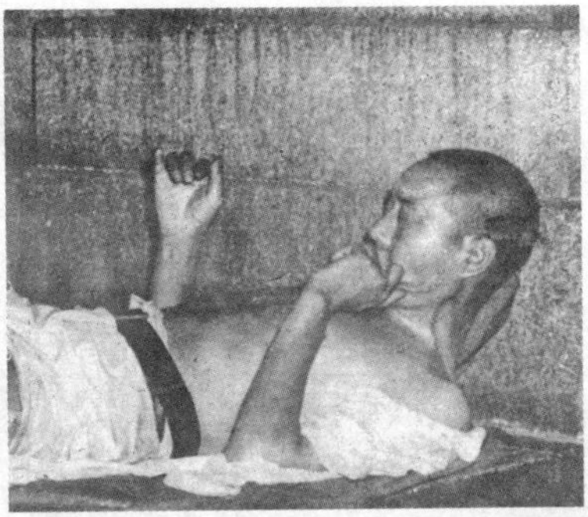

*Stone pillow, stone mattress. The place is bad enough but the dream still may be sweet.*

大厦的壁龛权作睡铺，厚厚的石墙隔绝了室内的欢笑与室外的鼾声。

*Any pavement is better than an overcrowded, bug-infested room. So they get a mat and sleep outdoors.*

这躺着的一群，不是炸弹下的牺牲者，却是集团露宿的劳苦大众。

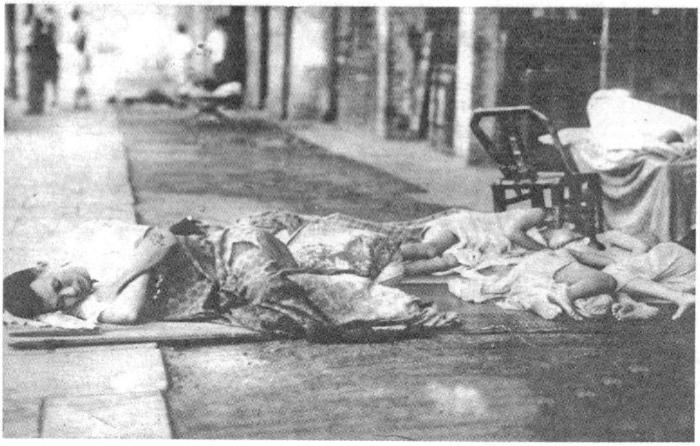

*They are not Spartans but sleeping outdoors to catch the breezes.*
当他们被屋内的热浪和臭虫双重压迫下，只能把路旁的人行道权作卧室了。

*No place is too bad when one is sleepy. A fleet of handcarts parked on a noisy road. furnishes "beds" for many workers.*
塌车是他们最理想的大床。

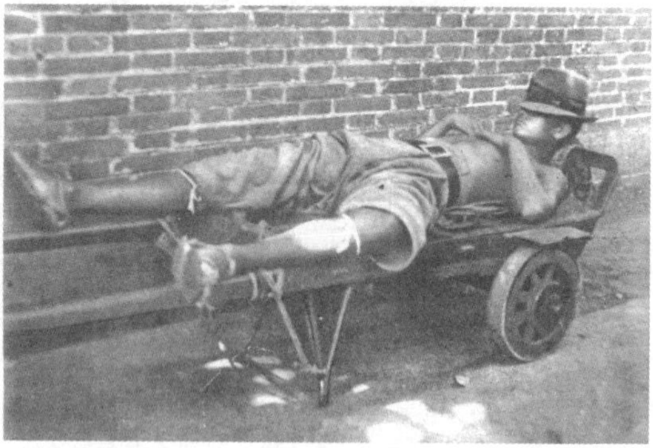

*The narrow, small handcart is good enough for a nap.*
老虎车却是备有现成枕头的小炕。

## 上海的两面
## *TWO WORLDS IN ONE CITY*

*The clean and quiet apartment.*
高贵的公寓风景线。

*The crowed and noisy slums.*
拥塞的陋巷风景线。

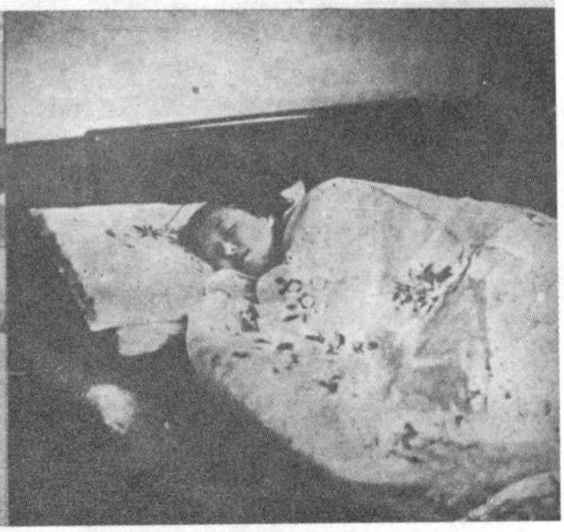

*Cold and hard.*
水门汀上乞丐儿权宿一处。

*Warm and cosy.*
兰花被中富家女度温馨梦。

*Dramatics for the low-brow.*
大众享受。

*Dramatics for the high-brow.*
贵族艺术。

*A fight for real food.*
米店前——争取基本食粮。

*A fight for mental food.*
戏馆前——争取精神食粮。

*The last of Mr. "Nobody."*
凄凄惨惨的穷收尸。

*The last of Mr. "some-body".*
威风凛凛的大出丧。

*Dining for life's sake.*
口头上的便餐。

*Dining for pleasure's sake.*
绅士风的夜宴。

## 都会的人马——人力车夫生活
## *A DAY'S LIFE OF A RICKSHA PULLER*

（谭志超摄）

人力车是中国都会市街交通的主要工具，尤其在上海，那儿虽有不少汽车电车等设备，然而二万多辆的人力车却仍旧是都市交通的主要动脉，五万多人靠着拉人力车而生活。他们以驴马般辛苦的血汗，换取最低廉的代价，以最低微的收入替自己及家人适应都市的消费而生存。不论寒暑风雨，他们整日踯躅街头，有主顾的时候固然要跨开脚步奔跑，即使没有主顾也得踱来踱去寻觅生意，他们练成了一双跑不倦的腿，更练成了一个不须要很多营养便足维持生命的肚皮。他们一样是人，在社会里却处在驴马一般的地位，他们以劳力获取生存，还要受着车主的层层剥削，其处境是十二分可怜的。都市的繁荣只是它的浮面，背后却隐藏着层层的黑影，黄包车夫的生活，只是其中的一面而已。

*Day and night, rain or sunshine, he runs and runs. Before him, endless distance; behind him, eternal burden.*

不问晨昏昼夜，不问雨雪风霜，生活的鞭子老是不容情地鞭策着，他练成两条腿像跑不倦的机器，驴马一般为生活而奔波。

*A road-side food-stand would give him all what he needs to replenish his energy.*

生意无论好坏，饭总是要吃的，街头小摊价钱虽贱，但是都市的生活高昂，只能令他吃一个半饱，他要省下多少钱来付车租，养大小。



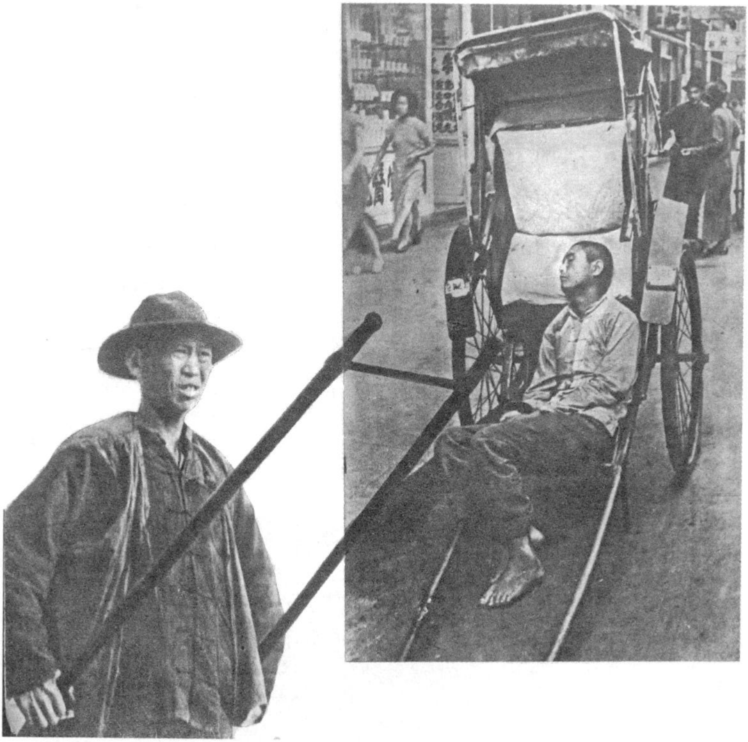

*His passenger has left the car and tells him to wait. He loses no opportunity to give his over-faxed muscles complete relax.*

血肉之躯究竟抵挡不住过分的疲劳，有时他跑得累了，也许会靠着车子躺睡一回，然而为了生活的挣扎，瞌睡只给他一些扰人的噩梦。

*To his wife he hands over all the money that his legs have made for the day.*

他检点着一天辛劳的收获，尽数交给了自己的女人，不是教她储蓄起来，而是教她准备明日的粮食。

*"Who would have thought, That the dishes and bows on the table spread. Are all what he earned with blood and sweat."*

"谁知盘中餐，粒粒皆辛苦"，他从粗糙的白饭里嚼出了自己血汗的咸味，女人，孩子，这责任心驱使他不能尽量吃饱。

*The ricksha puller's home. the rent of which is his heaviest burden.*

他的住处在狭隘的陋巷里，屋子小得仅足容身，并且终年不见阳光，但是每月所付的租金，对于他已经是一笔很大的负担。

*His goodtime is night,a sound sleep with clothes on to see another way of struggle and hardship.*

睡眠是劳动者最安适的时候，然而他只能和衣而睡，因为明天清早他又要继续为自己及家人的生活而挣扎。

# 上海的影戏院
## MOVIE THEATRES IN SHANGHAI

（胡晋康摄）

*Capitol Theatre*（*Museum Road*）.
光陆大戏院（博物院路）。

*Embassy Theatre*（*Bubbling Well Road*）.
夏令配克大戏院（静安寺路）。

*Grand Theatre*（*Bubbling Well Road*）.
大光明影戏院（静安寺路）。

*Strand Theatre*（*Ningbo Road*）.
新光大戏院（宁波路）。

*Broadway Theatre* ( *Broadway* ).
百老汇大戏院（百老汇路）。

*Isis Theatre* ( *North Szechuen Road* ).
上海大戏院（北四川路）。

*Paris Theatre* ( *Avenue Joffre* ).
巴黎大戏院（霞飞路）。

*Kwang Wah Theatre* ( *Avenue Edward VII* ).
光华大戏院（爱多亚路）。

*Peking Theatre* ( *Peking Road* ).
北京大戏院（北京路）。

*Carlton Theatre* ( *Park Road* ).
卡尔登大戏院（静安寺路）。

*Nanking Theatre* ( *Avenue Eward VII* ).
南京大戏院（爱多亚路）。

*Odeon Theatre*（*North Szechuen Road*）.
奥迪安大戏院（北四川路）。

*New Eastern Theatre*（*North Szechuen Road*）.
新东方剧场（北四川路）。

*Hongkew Cinema*（*Chapoo Road*）.
虹口大戏院（乍浦路）。

*Chekiang Theatre*（*Chekiang Road*）.
浙江大戏院（浙江路）。

*The Eastern Theatre*（*Muirhead Road*）.
东海大戏院（茂海路）。

*Kui Sing Theatre ( Avenue Foch ) .*
九星大戏院（福煦路）。

*Shansi Theatre ( North Shansi Road ) .*
山西大戏院（山西路）。

*Foh Sing Theatre ( Tibet road ).*
福星大戏院（西藏路）。

*Crystal Palace.*
黄金大戏院（八仙桥）。

*People's Theatre ( Chapoo Road ).*
国民大戏院（乍浦路）。

# 都会的明暗

*Happy are the dogs in the Canidrome, enjoying much more than those unfortunate prostitutes in the street!*

跑狗场里的狗儿们有福了，它们的享用百倍胜过街头的可怜的野鸡们！

*Some people are feasting, while others are struggling for a bowl of thin congee.*

有人在华堂欢宴，有人争先恐后地但求分到一碗稀粥。

*Those coming out of the theatre will never think of there being such a man in the world as he sitting on the roadside without anything to eat.*

从戏院走出的人们，是不会想及世上竟有趺坐街边，空着肚子没饭吃的人的。

*Some people would rather squander huge sums of money in the race course than give away one copper coin to the beggar.*

有人宁愿豪爽地在赛马场里花去了整千整百的银子，而对于叫花子却非常吝啬地甚至不肯施舍一个铜板！

*The lucky people dance merrily with pretty partners in the dancing hall, while the unfortunate one pulls the heavy cart along with all his might.*
幸福的人们在舞场，软玉温香满怀抱。

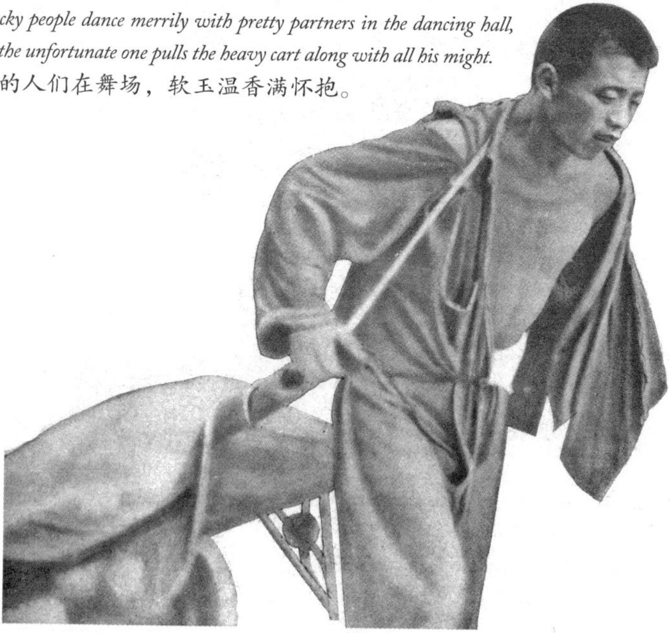

*Those gambling in the hotel have fine houses of their own but those living in the huts remain there for ever.*

到旅店开房间打牌的多是原本有好房子住的人们，住茅舍的人们便只好一辈子住着茅舍。

# 都会之晨
# MORNING SCENES OF SHANGHAI

（特约摄影者：李尊庸）

*Early six o'clock in the morning, the big clock of the Shanghai Customs House.*
（一）上海的早晨，海关的大钟正敲着六点。

*Factories giving signals for work.*
（二）工厂的汽笛都叫起来了。

*A massive statue at the Band.*
（三）和平之神还在瞌睡……

*Looking the Bund from Nanking Road.*
（四）南京路口的大厦，在浓雾中昂头睥睨，准备着今天的操纵！

*The first tram-car coming from Bubbling Well-Road.*

（五）从静安寺路开出来的第一部电车……

*Woman workers going to factories.*

（六）女工们正赶往工厂的时候。

*Dancing partners get their rest in the morning.*

（七）舞女也放工了，好容易等到天明，等到少爷们的狂欢满足。

*Dockers starting work at the wharves.*

（八）此时码头上的劳苦大众也在开始出卖血汗……

*News-boys folding newspapers in front of Newspaper office.*

（九）报馆前的报贩忙着折叠报纸……

*Small food-stalls busy supplying provision to laborers.*

（十）大饼油条与开水，老虎灶正忙于供给早晨的需要……

*Food peddlers hurrying to the market.*

（十一）小贩赶赴市场……

*Typical scene of the busy market.*

（十二）小菜场上的菜蔬鱼肉，四两半斤……

*Some people obtain pleasure with the birds.*

（十三）小市民的悠闲的消遣，带着鸟笼上茶楼……

*School children going to classes.*

（十四）小学生拎起了书包，朝学校门踏着迟缓的脚步……

*Girl students waiting for tram-cars to go to school.*

（十五）女学生也等候着电车回校上课……

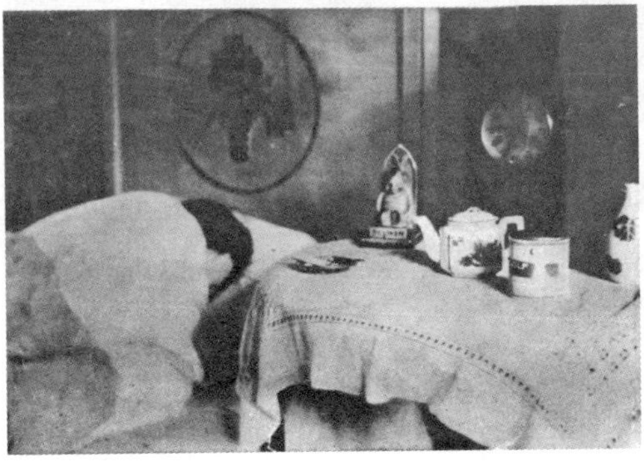

*Poor man, he is still in bed late in the morning!*

（十六）一切都准备着今日的斗争，开拓着未来的前路，然而可怜此外有人，还在锦衾中昏睡未醒，未醒！

# 希望……
# *HOPE*

*Minutes fly, hours go. yet I'm sure she would......*
已经等了半天，实在来不来？
要恨她，可没这狠心肠……
（冯四知摄）

*Adversity is not without hopes.*
少爷小姐，施舍个铜板，两天没吃的，家里还有个病的娘……少爷小姐，把个铜板……

佛像前，诚心拜祷，愿我佛慈悲，默佑可怜信女，一愿夫君儿女身体永康强，二愿风调雨顺，岁岁丰收，三愿地利人和，捐税不加重……

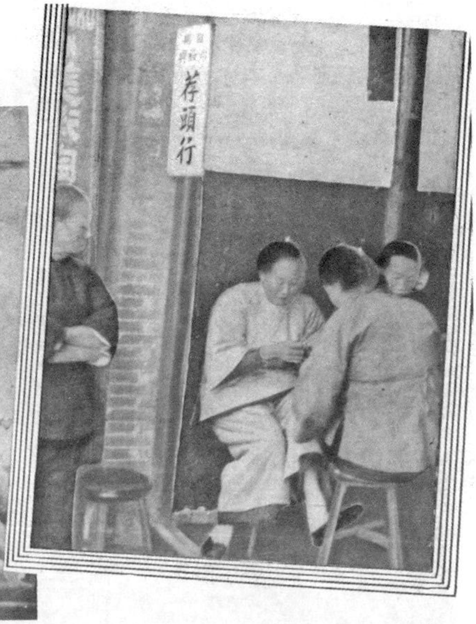


*One, two ... a dozen days over, the charwoman's still there waiting, waiting for the call.*

乡里活不下，辛辛苦苦，凑个盘缠，走到城里，讨个人情跑到荐头行，但得有雇主来，哪怕等它个十天半个月……（欧阳璞摄）

*for a mah-jong player.*

大三元，清一色，么九，对对和，东字又是双台，单叫一筒，心惊肉跳，这莫非是新年运气来也！

*"Ricksha, sir? Richsha, cheap" Onward he plods into stillness deep.*

岁寒人静，独自个儿拉着空车跑，先生：阿要黄包车？先生，阿要黄包车……

*Let mens fate be decided by horses.*
跑马场边，万头攒动，眼巴巴总望自己买的号儿着先鞭……（东北社）

*Expect that his message be with the coming mail.*
等着等着，邮差来了！可不知有没有那人的信？不要见笑，若不是凭尺素寄相思，一日要变成了九秋……（郎静山摄）

*The $500,000 dream bought with $10 each.*
航空彩券的开奖球，号码跳一个，心里跳一跳，五十万元如果落在自己头上也，转眼成富翁！看摇彩球在面前晃动，眼花缭乱，教人好不心焦……（守维摄）

*The critical moment.*
心在急跳，手在颤抖！……（欧阳璞摄）

*Have patience and endure, there are untold chances under water.*
天寒水冻，人们要吃蟹。谢谢天，望它多多入网，来个两打，三打……（钱立庵摄）

# 儿童年与妇女国货年之二重奏

（叶长烈摄）

## 1934, THE " CHILDREN'S YEAR" AND THE "WOMEN'S NATIVE GOODS YEAR"

*For the purposes of emphasizing child education and of encouraging the use of native goods, 1934 has been designated as the "Children's Year" by the Shanghai Bureau of Education and also as the "Women's Native Goods Year" by the Shanghai City Chamber of Commerce.*

*The Hope of China.*

儿童年，儿童当救国，大家练习兵式操，准备疆场杀强敌！

今年真热闹，教育界说它是儿童年，妇女界与国货商又给它安上了妇女国货年的雅号，好在两者都是于国家有利的，便多来几个什么年又何妨。不过今年妇女界的责任可加重了：提倡国货，教育儿童，这双重责任可不易负起呵！

*A "Great Wall" motor-car, representing the Nanyang Brothers Tobacco Company in the Native Goods Parade.*
南洋兄弟烟草公司汽车。

*A participant in the fashion show.*
国货时装表演之一。

*A "Peacock" motor-car in the parade.*

美亚绸厂之凤凰汽车。

*Electrified pailou built for celebration of the "Women's Native Goods Year".*

妇女交谊大会会场正门。

*Fashion show for the "Buy Home Products" movement.*
国货时装表演之二。

*Motor truck disguised as a war tank is another interesting feature in the Native Goods Parade.*
中国国货公司坦克车。

# 都会的刺激
## *INTOXICATED SHAHGHAI*

（本报记者陈嘉震摄）

道旁啤酒的巨幅广告……

*The stage dance.*
歌舞团的表演，冶荡的歌声，冶荡的舞姿……

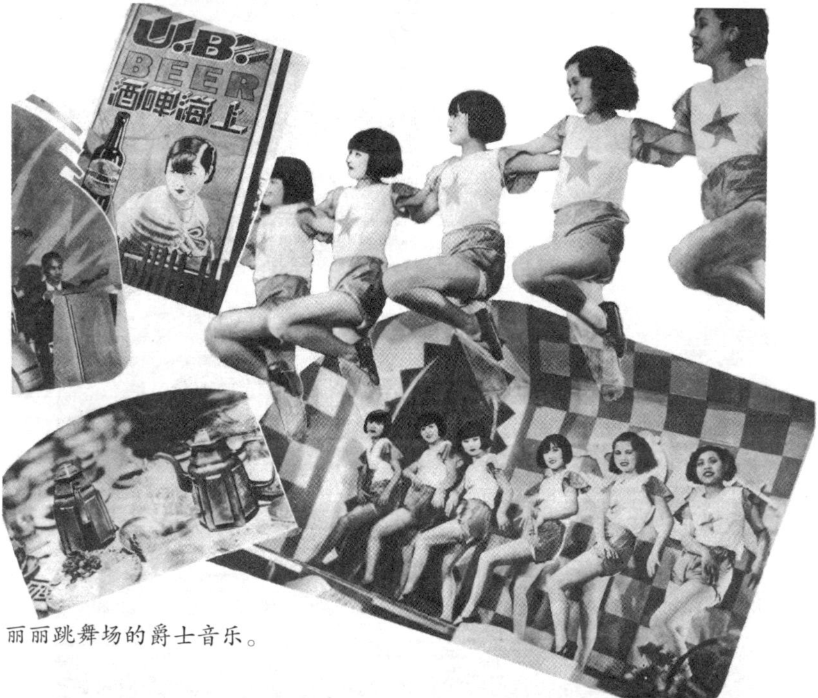


丽丽跳舞场的爵士音乐。



侥幸的心理，麻醉的享乐，金钱的诱惑——这，都会的刺激，代替了一切努力于正当事业的热情。跑马，跑狗，回力球……少数的代价，作多数的博彩。矗立云霄的摩天巨厦，象征着金钱的威力，道旁的巨幅广告，啤酒，五加皮的刺激；舞场里狂热的爵士音乐，恐怖的，侦探的，冒险的影片，在每一间影戏院里轮流发着惊人的巨吼。还有加插的少女舞蹈，冶荡的歌声，冶荡的舞姿，女人旗袍开叉的高度发展，肉的挑动，性的刺激……

社会的不安使这酒精般的刺激强烈地加增：建设的雄心，爱国的热情，在失望的绝境之下，全沉沦在这麻醉的漩涡中去了。失败者的自暴自弃，灰心者的逃避现实，愤世者的憎恨的报复……全熔合在这刺激的大烘炉中，于是来了抢劫和被抢劫，奸淫和被奸淫，杀人和自杀……

这，便是都会刺激所引出的恶果，资本主义社会的文明。在这些刺激里面有多少叹息，多少惨叫与哀号！如其说中国有个巴黎第二，我们不知该庆幸还是悲痛……

*The Hai Alai, "The fastest game."*
回力球的场内和场外，人人怀着侥幸的心……

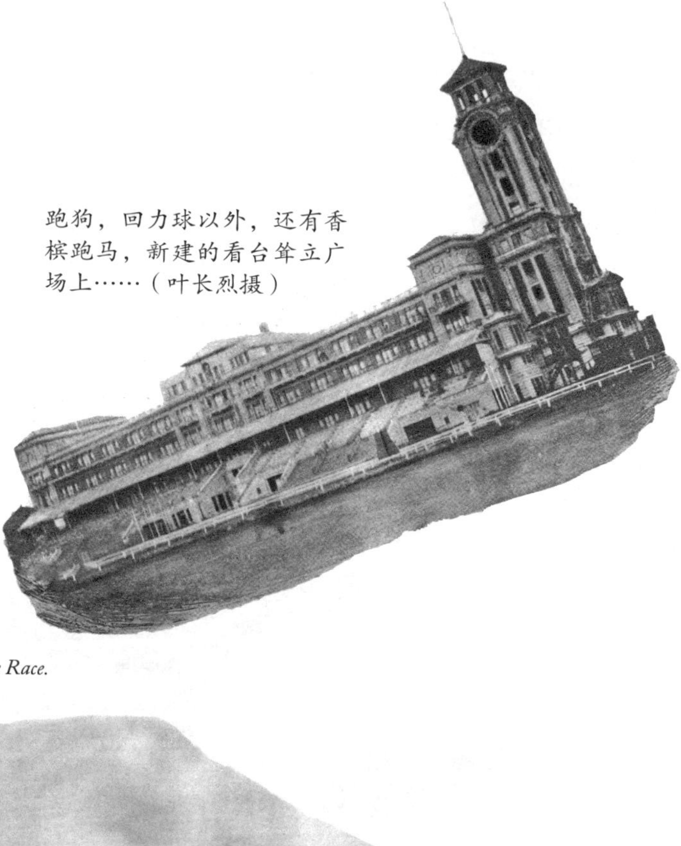

跑狗，回力球以外，还有香槟跑马，新建的看台耸立广场上……（叶长烈摄）

*The Horse Race.*
跑马。

*jazz.*

*The latest fashion for girls.*
女人旗袍开叉的高度发展……

*Mystery pictures.*
恐怖的，侦探的，冒险的电影发着惊人的巨吼……

跑狗圈内，人们希望以少数博来多数……

*The New 22-story Skyscraper.*
四行储蓄会新建的二十四层摩天巨厦。（叶长烈摄）

## 理想家庭的设计
## *DESIGNS FOR AN IDEAL HOME*

都市发达，人口愈见拥挤。住所既求过于供，租金乃日益昂贵。寸金尺土，一般市民既无力居宽敞之巨厦，而租廉者又嫌面积狭小，不敷应用。“住”乃为生活中最大之问题。英国漫画家罗便逊氏乃发为奇想，计划理想之家庭凡四图样。或尽量利用空隙，收一室两用之效。或设备机巧，以省仆役人工。用意至善。惟是否可属仿行，则“山”“水”本属不同，“仁”“智”实缘天禀。各有所乐，莫须相强也。

结婚用礼堂。婚礼既毕，宾主就座，侍者解索下一巨板。板上置杯盘刀叉，板中各有圆洞，降下时适可容纳各宾主，于时即可觥筹交错，一刹那间，礼堂变为餐室矣。

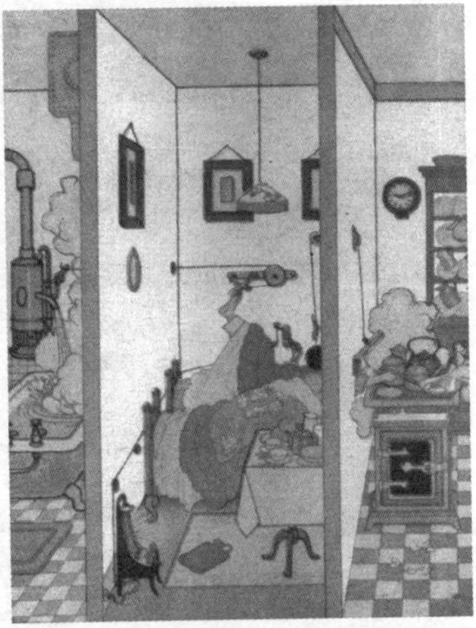

斗室中隔为三段。前为厨房，中为卧室，其后为浴室。早晨醒来，手足并用，拨动机关，则电炉放热，浴缸满注沸水。一室温暖，可免苦寒，况床头复辟一窗，更能于被窝中治早膳。设想至为周全。际此冬日，一般小家庭之主妇，睹此亦思效尤否？

一室两用。日为客堂。卧具衣橱悬于天花板下，复利用风压力，支两板于上，既使室内美观，又可预防上悬诸物索断下坠之险。至若时已入暮，宾客尽欢而散，主人泄去压力，解索降诸具，则又为一雅整之卧室矣。

椅桌之下，占空隙甚多。然人往往废置不知利用，至为可惜。此图设计，即尽量利用诸空隙，为养鸡之地。饲雏取蛋，各皆设备完善。同时室中人仍可各适其适，极尽优游之乐。以住室为畜牧场，是不仅俭约，且能生利矣。

## 上海的声、光、电
## OUTLINE OF SHANGHAI

喧闹的，嘈杂的声音。从早上六点，到第二天清早六点。竭力要把上海装成第二巴黎；晚上，火炬似的光刺激着，把做了一天的工作的人们又从极度的疲倦鼓舞起来；电的力量加强了一切的速度，马达，马达，马达……人都变成了机器，在密网的电流中打滚……

鲁迪华莱的“圣路易的哀愁”……贝多芬的第九交响乐……王人美的催眠曲……荀慧生的四郎探母……薛觉先的姑缘嫂劫……汽车的长吼，十字路口交通警察嘴上的银哨……叮叮……三〇一八九……大晚夜报……工厂，和轮船的尖叫…混成衣片，飞躏在这火柱似的，金蛇似的，电炬，和霓虹灯的夹缝里；缠绕着每一个生活在都会的人的心。老年人变了少年，少年人变了疯人，欢笑和流泪，喝彩和惨叫……

这，太太先生们，便是上海的原动力：声，光，和电！

电影片的摄制是上海一种时髦的行业。

*Where electricity goes mad-a night scene of the Nanking Road, Shanghai.*
南京路之夜。

*The distant music.*
轮船上汽笛狂呼的吼声，不知惊醒了多少仆仆于都会往来旅程中的人们的迷梦。

*Jazz, the rhythm of the city.*
舞场里，腾跃着欢狂的爵士歌声，是大都会的夜的节拍。

*Extra, Extra!*

没有节奏的卖报声，是都会里贫苦人们的生活的呐喊。

*Soochow crooning in the air of Shanghai.*

播音台里播送出来的评弹声，打破了都会中有闲阶级的家庭的沉寂空气。

*God of Safety!*

巡捕嘴里的哨子在叫，马路上行人的浑身血脉在跳。

*The mouth of a tiger.*

汽车喇叭的响声，是都会交响乐的主要调子。

*A network against the sky.*

大都会的空间交织着密布的电网。

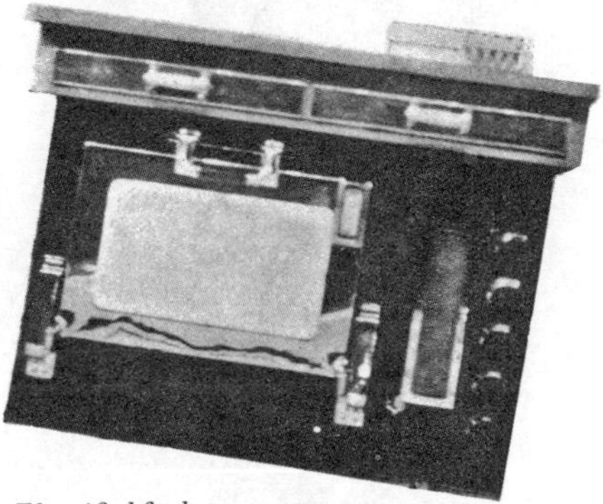

*Electrified food.*

都会人“食”的电气化。

*The sensory nerve of Shanghai.*

电话是生活繁忙的都会人传达感情最便利的工具。

*The motor-nerve of Shanghai.*

有轨或无轨电车是大都会中重要的交通工具之一。

*The " search-lights" of the street.*
马路上电火的光亮蒙罩着那座建筑物的整个躯体。

*When westerners call this dancing-hall Paramount, Chinese call it the "Door of Hundred Joys." Below : the Grand Theatre.*
“百乐门”——上海最华丽的舞场——的晚装。

左下图的建筑物为大光明电影院。入夜灯光照耀，如同白昼。

*Movie or fire work?*
大上海戏院——上海一所新建的电影院——的夜色。

# 上海的高、阔、大

## “OUTLINE” OF SHANGHAI

（陈嘉震摄）

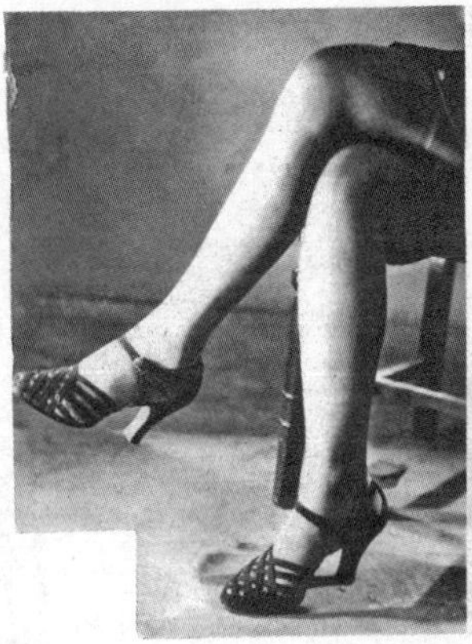

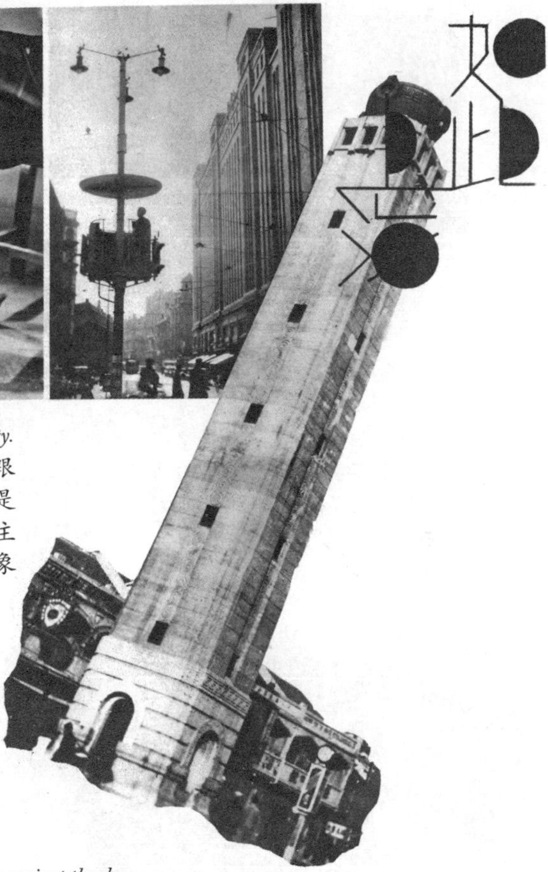

*Symbol of Household Authority.*
男人们对于女人的高跟鞋子的看法，不单独是“爱美的表现”，主要的还是“权威的象征”。（上左）

*Lighthouse of the street.*
巡捕踞立在高高的站岗里，以红绿灯的符号来维持马路的交通。（上右）

*A finger against the sky.*
是这样的一座崇高特立的纪念塔，才可以把烈士的卓绝伟大的精神表现出来。（西门陈英士纪念塔）

*When you read the time, you read the Ruby Queen.*

半空里搭架着一座报时准确的大钟，人们为了知时而看钟，看钟便连带知道红锡色牌香烟广告，新奇的广告术在大都会里是层出不穷的。

*The two-storied house on wheels.*

在新式双层公共汽车里，票价是上下层不同的，但人们总是愿意多花一点钱坐到上层去，这是出于好奇心的鼓动呢，还是人们不愿意甘居人下之心理的表现？（公共租界新办之双层公共汽车）

*The concrete hive for human bees.*

摩天巨厦挺竖起笔直的腰肢，以睥睨一世的目光傲视着它的侏儒的邻居。（法租界的十四层房子）

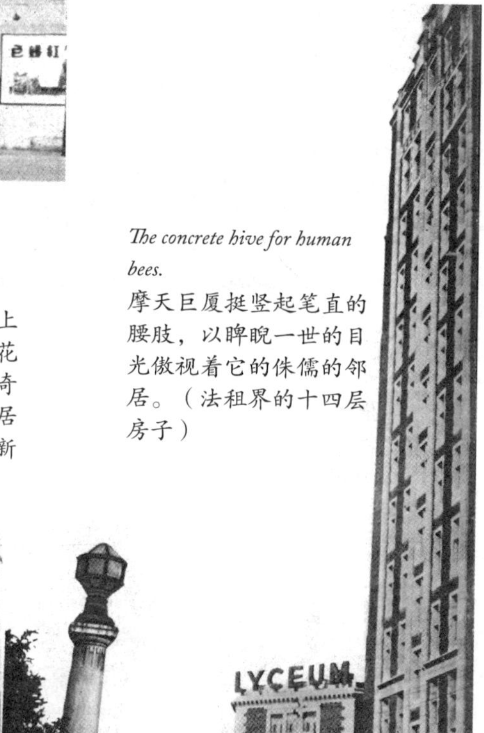

*Like a giant ocean liner.*

有了高房子自然也要有“阔房子”，这样才可以构成大都会的繁荣场面的。（北四川路中国银行大楼）

*They are not houses but advertisements.*

地价在大都会里天天地涨贵起来，于是聪明的地产商人便在繁盛市街上竖立着阔大的广告牌子，借以招徕生意，为着取偿于交易成功后的巨额金钱，他们是不会吝惜目前广告费之付出的。（静安寺路繁盛街段里路旁设立的某地产公司新式广告牌设计）

*It's now time for women to widen their shoulders.*

现在，都会里给时髦服装所包裹着的高贵妇人们的肩膀，也跟着自家父亲或丈夫的阔气而横阔起来了。

*Flags for trade war.*

在不景气的市面里，商店用以招徕生意的唯一手段，除了大贱卖之外，还得来个大牺牲。

*Soy bean sauce stores usually have the biggest sign boards.*

这大概是一种习惯的标记：酱园的招牌总是用斗大的字体写在店墙上的。

*"Pawn", a frightful word to the poor.*

当铺的墙上偌大的一个“当”字，鲜明地映进穷人的眼帘，为他们，这不是一个缓急相通的极便利的所在么？

# 上海租界内的国际形象
# OUTLINE OF SHANGHAI THE "INTERNATIONAL" SETTLEMENT

（本志记者陈嘉震，欧阳璞摄）

中国的上海在南市，在闸北，在西门。那里有狭小的房子，有不平坦的马路，和污秽的街道。庄严，清洁，而又华丽的，只有一座管理中国的上海的市府大厦。

外国的上海在霞飞路，在杨树浦，在南京路，在虹口。那里有修洁整齐的马路，有宏伟的建筑物，有最大的游乐场所，有最大的百货商店，还有中国政府要人们的住宅。管理权是在外人手里的。这在外人统治下的上海租界，操纵着上海的金融，运输，交通，和商业的一切。如此上海！房客的气焰把房东完全压倒了。

代表着西班牙的，是人所共知的回力球员。

Bamboo Fair—Chinese.

要从上海租界内找出中国的形象，恐怕只有在旧历四月初八浴佛节那一天的静安寺前的一带可以找到，那里寺内是拥满了许多进香的善男信女们，寺外是摆满了从乡间来的农产品和手工业的产物的货摊，一切都充分地表现着中华民国。

Sailors—French.

法兰西的水兵，在马路上高视阔步。

*Inn—Dutch.*

荷兰菜馆，招牌上面缀着霓虹灯的风磨……

*Bath—Turkish.*

土耳其浴室，满布在靶子路和霞飞路一带。

*Movie—American.*

美国电影，在上海占据着影业的大部分销场。

*Policeman—Indian.*
各马路口的印度巡捕，虽然是亡国的遗民，可是在他们眼中，中国人是更渺小，更渺小的。

*Women—Japanese.*
走到吴淞路，你会惊疑你自己是已经到了日本去，那里，和服的妇人，太阳旗帜，内田町井村上的招牌字眼，红的樱花，高的木屐……

Mansion—Jewish.
沙逊大厦，代表着犹太的地产企业家在上海的一般雄健的腕力。

Steamship—Italy.
意大利的邮船公司，包揽了上海和欧洲间的大部分航业。

Shoe-maker—Czecho-slovakta
捷克司拉夫的鞋厂，在上海独树一帜。

*Restaurant—German.*

德国饭店里充满着日耳曼民族的气息。

*Bank—British.*

巍峨的汇丰银行，是英国在华经济力量的权威的象征。

*Dancing—Girls—Russian.*

白俄的女儿们在上海差不多包办了半数以上的歌舞事业。

# 食的滋味
# LUNCH HOUR SCENES

*In the kitchen.*
完了一天的苦工，良友相对，浅斟低酌，虽是粗茶淡饭，何异玉楼琼宴！（卢施福）

*Under the table.*
无忧无虑，每日两顿，吁嗟乎，野有饿莩，人不如猫。

*In the restaurant.*
穷苦女儿口里的大饼油条，滋味与鱼翅大虾无异。

*At road-side.*
筵席大排，可惜是在拍戏，并无丰美肴馔。

*In the open air.*
铁鸟食甘蔗，陈燕燕不怕弄坏了唇上的胭脂膏。

# 上海人物素描

（江栋良作）

洋装革履，交关神气，其实只会吹吹牛皮的“洋行小鬼”。

一日三餐，全靠这些残余饭菜的“小瘪三”。

向着外人摇尾乞怜，对着同胞耀武扬威的“买办”。

有手段，有面子，有徒子徒孙的“老头子”。

# 小家庭学第一课

*PRELIMINARY LESSONS FOR THE HOUS–KEEPING BRID*

（表演 叶秋心　摄影 陈嘉震）



## 一、晨之扫除

创设了新家庭还不到几个月，而经济上尚不富裕的我们，还是少用女佣，亲自来扫除吧。无论怎样地寒冷的气候，倘若提起了精神，手脚就自然而然地会活动的。房室里的家具，还是新的时候，如果用些工夫擦揩，那会保持永久的光泽呢。

## 二、整理他的书斋

他的书斋，无论如何不

让别人处理的。噢哎，他近来看着这种书吗？在外面忙碌了整天，而当疲乏地回来的时候就可以很舒适地阅读着，把许多的书本整理了吧。墨水还没有完吗？对啦，今天把台布更换了吧，前天在公司买来的那块台布。

## 三、插　花

扫除才完了。今天天气多么晴朗。煦和的日光直射进我们的卧室里。把这可爱的花插在花瓶里。白的红的，多鲜艳。一个放在书斋，一个放在这里吧。

今天早晨丽芬妹说着："这是姊姊顶喜欢的花吧……"而特地买给我的。她真可爱。

## 四、晚餐的准备

今天晚餐烧什么菜好呢？但烧好了后，倘他不喜欢吃，那怎么办呢？天天想出晚餐的菜，挺担心。但他总不以为我的菜烧得不好，老是称赞我，我真快乐得要流出泪来。将来我能够烧得很好时，我多么快乐哪。

吃了午餐后，就想着晚餐的事情。但我老是想不出新的烧法。前天买来的烹饪书里的几样西菜，今天不妨试试。是的，他定喜欢的啊！

## 五、阅　书

担了一片心绪的晚餐，也已准备好了。现在只等他回来啦。但现只不过三点钟，趁现在没有事干的时候，看一二个钟头书籍吧。思想上跟他长进，并且在趣味上努力随从他的事情，本来是夫妇生活上最重要的元素之一。

前天他买来的几本外国杂志，我尚未看完。有几处不明白的地方，等他回来时细问他吧。

## 六、补 缝

现只不过四点钟吗？还是让我织线衫吧。上星期日买来的绒线，快些织完给他穿。这绒线颜色格外好看，质地又非常柔软，制成后，他定会喜欢的。近来天气更冷了，像我织得这么慢，真觉得心焦。但等我织完，当新年的礼物赠他时，他又不知道怎样地快乐的。但我又怎能守着秘密不

让他知道呢。

## 七、他回来了

外面冷吗？今天我给你烧了很好的西菜呢，你挺喜欢吃的东西。你猜猜看。

经过整天辛劳的工作，而极感了疲倦的他，快让他宽舒地坐在炉旁的沙发上。并且不要忘掉把外套好好地刷干净，挂在衣架上。



## 八、购　物

旧历新年快到了。结婚后初次迎接的新年哪。想起要买的东西真多，但现在只好忍耐些了。对啦，新年里，我们要请爸爸妈妈到这儿来吃饭的。

今天恰好是星期六，他回来的时候，请他等在永安公司门口，一块儿去买新年的礼物。

买完后，倘若时间还早，我们去看电影吧。噢，对啦，今天南京大戏院开映着斯的芬逊的“金银岛”啊。我在学校里念书的时候，曾爱读的那部小说的电影化,我决不让它错过的。

## 九、音　乐

——唱什么呢，吾爱。

——哪，我顶喜欢的肖邦的“小夜曲”啊。我初次到你家里去拜访你的哥哥时，你难道不是在书房里弹着那曲子吗？钢琴，我虽然不很懂，但那个曲子，我是不能忘掉的。并且约莫在几月后吧，你同你一个男朋友合奏的事情，我也不能忘掉的。

——傻子，那算什么呢……那时候，我心里已经爱你好久了。所以后来你对我白了眼睛不睬我时，我气得连夜饭都咽不下去呢。现在想起来，真是好笑。

## 十、家庭会计

虽然我尽力节约了，但上个月依然是超过了预算。

“会计先生，你这样干下去不行啊。”他曾这么地微笑着说。真的，再让我在各方面留意些，不要再有浪费了。

这个月成绩很好，虽然买了许多送礼的东西，仍旧多出五六元钱来，真快乐。照这样下去，下个月的成绩，定更会进步的。我们从此可以按月在银行里储蓄了。

每日之二十四小时

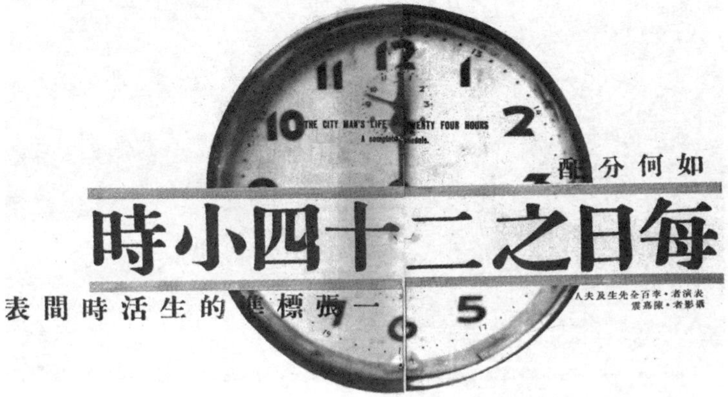

① 早晨起床，先行十五分钟之柔软体操，练筋骨，强体格。

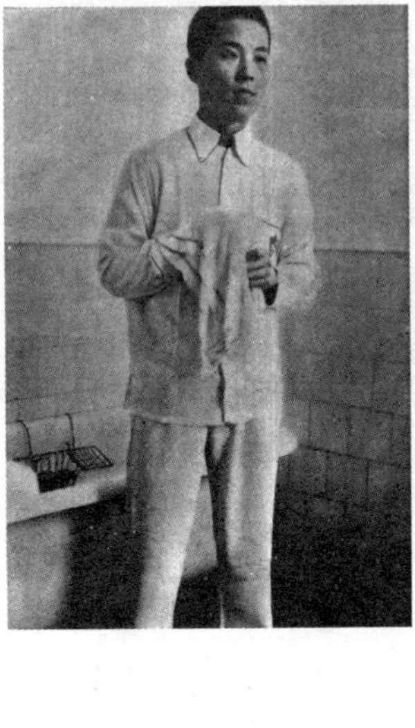

② 盥洗大便，为晨操后之第一功课。

③ 梳洗既毕，乃进早膳。

④ 早膳既毕，尚有余暇，即应一读当日报纸，既增见闻，复可辅助当日工作行事。

⑤ 整衣出门，返办公处。

⑥ 办公室中，专心工作。

⑦ 中午回家，宜稍事休息，借息半日之疲劳……

⑧ 然后始进午膳。

⑨ 下午返办公处，再完此半日之公务。

⑩ 一日之事务已完，回家最少须静坐休息半小时，以苏整日之困倦。

⑪ 或赴公园散步小憩，饱吸新鲜空气，于大自然怀抱中，洗涤全日之烦劳。

⑫ 然后回家享受晚膳。

⑬ 人生有限，学问无穷，每日饭后睡前，最少览阅书籍一小时，务使己身与时俱进。

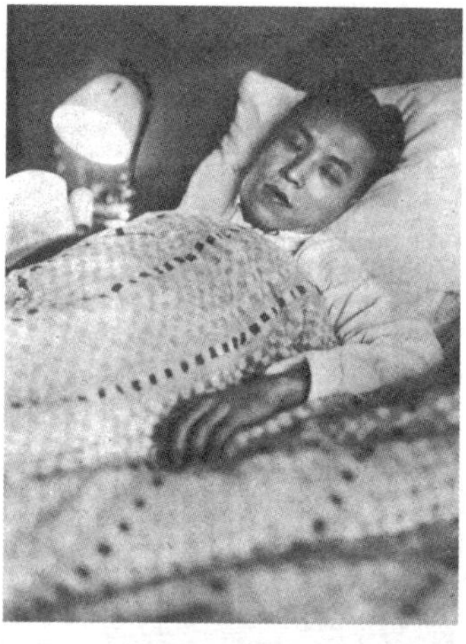

⑭ 一日已逝，工作完毕。无负于己，无负于人。安然就睡，梦入甜乡。

## 五十七对佳偶同时结婚——上海市第一次集体结婚写真

*SHANGHAI'S FIRST MASS WEDDING CEREMONY 57 COUPLES UNITED BY MAYOR WU, HELD AT CIVIC CENTRE ON APRIL 3RD.*

（王开摄）

集体结婚，为便利一般民众婚嫁而设，取其去繁就简，时间金钱，两皆节省，而仪式则反较隆重，法至善也。上海市政府主办之第一届集团结婚，于四月三日在市府大礼堂举行，新婚夫妇共五十七对，由市长吴铁城及社会局长吴醒亚

证婚。中西来宾前往观礼者达数万人，仪式隆重，堪称我国自有婚礼以来之空前盛举，是日新郎一律穿蓝袍黑褂御白手套，新娘一律穿素色绸制长袖时装，头束白纱，手御白花长袖套，各捧鲜花一束，婚礼举行前由市府外之休憩室列队而入市府礼堂，由市长依次证婚后，双双挽臂鱼贯而出，婚礼乃成。本页各图所示，系由新娘自休憩室鱼贯入市府礼堂至礼成出堂等之情形，上为新郎新妇全体之俪影。

“盖闻夫妇乃人伦之始，家庭为社会之原，是故法严媒妁，礼重采名，往制前规，复乎尚矣。晚近寰海棣通，风俗丕变，袭礼治乐，既未惬夫世情，成俗化民，实有待

于新制，此本市集团结婚之举，地方有司所不能不引为职责者。今兹第一届礼计参加者一百一四十人，由本市长暨社会局长为之证礼，所重闺房静好，御于家邦，子姓健全，蔚为桢干，凡更新偶，其共勉励。中华民国二十四年四月三日市长吴铁城。”

# 天堂的检阅——松江孤儿院监狱署全节堂印象记

（胡依凡）

## 一、好像有一个奇异世界马上要在眼前展开

和小波跳上了火车，心里还充满着一种忐忑的迷惘！车开了，汽笛在呜呜地叫，无名的笑意，堆满了小波和我的容颜，好像就有一个奇异的世界马上要在我们的眼前展开，于是，我们便深深地感到一种渴望一种刺激，在我们这次匆促的旅程。

“这是一个怎样难得的机缘啊！——这样一次新年的旅行！”

探眼一接触到车窗外面近郊的广漠的原野，那暗淡的农家景象，那大自然的冬的萧条，回首一沉想到自己：各人沉沦在都市的浮浪生活里，生活的沉重，空虚，和灰色的感伤情调，甚至吉卜西人也不如似地，局促地感到容身之地也没有了。突然来了这么一次意外的旅行，也难怪要兴奋了。我兴奋地想要叫了起来，小波一路上照样是沉默着咬住了她那张小嘴唇。

然而，这是得感谢这新年，新年的来临，才送着我和小波踏上了这次奇遇的中途。

我们兴奋，我们愉快，我们在期待着这就要在眼前展开的奇异的世界面临。

## 二、这就更胜过于十百次的游山玩水

车到了松江，这就是说我们已抵旅程的目的地了。带着了一番安慰渴望的心，我和小波飞快地跳下了车来。

人们想：这该是要游山玩水去了。是的，如果我们能有那闲逸，时间也不那样地匆促，这是应该要这样做的；为了涤滤一下满身尘垢的灵魂，调剂一次暗淡无光的灰色生活，我们纵不是名士，自也可从容地冒充一番风雅。可惜今天我们显然就没有这运气！我们只打算在这一次偷来的匆促旅行内，主要的是抓住这样一个得来不容易的机会，探访一下在这一个苦难的现实世界的角落里，还生活着一些怎样悲苦惨淡命运的人群！他们现在是在一个怎样的阴暗冷森的景象之下呻吟着，饮泣着，以至于快要断绝了最后一口呼吸的惨境了！如果这一点是给我们做到了，我们想：这就更胜过于在这里十百次的游山玩水。

兴奋地从车站加入了我们的参观者群，我们便开始了我们的理想天堂的访问，绕过了不少的荒街和僻巷，第一个地方，我们就叩到了松江孤贫儿院的大门。

## 三、但那答复，只是一个沉默，一个摇头

这是一间成凹字形的不大不小中西合璧的房子。房子前面

有一些空地也种植了点草木。地方还算空敞和整洁，然而这只是它诱人的表面。

当我们被接纳进去时候，我们的同伴者这一团人顿时就给一大群失去了天伦幸福的孩子们包围起来了。里面的负责者，就殷勤地对着我们讲述和解答。

“先生！你能告诉我这里的更详细一点情形吗？”

我看出了人众是那么拥挤和嘈杂，一切都摸不着头脑，于是，就连小波也不管她了，偷偷地溜到走廊角上一间办公室，拉住了一位中年的长衫先生就问。

“啊，好的。”中年先生是蛮客气地就允许我。叫我坐了，随即送了一本二十二年份院里的报告册给我，满脸春风地说：“先生有话尽管问。这里面（指院册），大概的情形都载着了的。”

于是，我们就开始了对话：

“这里有多少孤儿？他们是地方官送进来的吗？”

“有一百五十名。不，他们里面也有贫儿，有父母双全的，因为养不活，送进来。一小部分是地方官送来，那是给人拐卖破案的。大部分，却是由保人送来。”

“要怎样的人才可以送呢？他们进院花钱不花？”

“只要和这里有关系的，什么保人都可以。是的，当然还得要调查清楚，他们是不是真的孤贫儿。他们进院一文不花的。”

“进来后怎样管教？”

“进来了我们这里就设有前期小学，为他们。成绩好的，就送他到一个同这里有关系的教会后期小学去。如果他后期小学会考第一，就送他上中学，一直读了下去。成绩平常和坏的，到十五岁就送他们去学徒，做工艺。总预备到他们能够自立为止，或由亲属自己领回去。”

“他们的年龄相差得多少？”

“大的有十四五岁，小的只七八岁。”

“他们每天怎样生活？”

“衣食住都有定时。小的，由两个保姆和四个教员负责扶助，年纪大的，就指定他帮助小的，并管理东西衣着。”

“一天吃几顿？经常吃什么？”

“一天三顿，二顿稀饭，一顿干饭。吃都选择比较有营养的食料……”

谈到这里，我们的同伴者早由院内的管理者引领，一窝蜂涌进来参观了，对话就给打断，我也混入了人阵里。

于是，就又参观了他们的教室，客厅，寝室，厨房这些处所。别的都和平常的学校设施差不多，只有寝室显得特别整齐：小小的几列纵横排置的铁床，每张铺上都堆着一幅折叠得很伏贴的棉被，一张看去够暖厚的垫褥，衬出了一幅像在医院病舍的风味。跟着我们的脚后跟的这些小主人，那般应该是十分的悲哀的孩子，可就一些也没有理解到他们的未来命运，跟着了我们，就个个都显出异样欢悦的天真的笑容。

“真是幸福！这些小孩们他们能在几位先生管教下面，生活得这样舒服。”

同伴者之一激动地这样说了，马上就有一阵冷酷的笑声，遮盖过了这里面所埋藏的悲哀和黑暗。

时间不能允许我们多做勾留，我们只在这里看过了那些不知世途的孩子们的神奇的笑脸，不会说话的教室，寝房，院落这些外表的装点，就匆匆地被欢送出了大门。

我怀着了一肚子不满足的心情，临出门还抓住了二个幼小者仓促地问：

“你们饭吃得饱吗？这里舒不舒服？先生好不好？”

但是良久，良久，幼小者都没有说出一句应话，那答复，只是一个沉默，一个摇头。

走出了大路，给我丢开了许久的小波却喊着说：

“我们这样是不对，这样是不对！光抓住它的上层，我们是不会知道底下的。你说是吗？”

我后悔地向她点了点头，我的眼睛却正对着报告册内的一幅照片里面的几个慈善的绅士的笑脸，和一个外国善士的风姿，巍巍出神。

## 四、木栅里向我伸出了一只漆黑的脏手

走回到四门外新松江社用了午餐，接着，我们就又不辞跋涉步行进城续做第二个天堂的访问。

本来是一个阴沉的天气，再添加了一副忧郁的心，一踏进了这天堂的门槛，我就先打了个寒噤。

这是什么天堂？在进门的破壁残檐下就告诉我们：这原来是“松江监狱署”啊！

一位倒提着锈了似的铁枪的老乡伛偻地迎脸走了过去，我们一直就闯进了二进的破烂的屋舍。这座老朽霉烂的屋舍，就恰象征着了住在这里面的人们的命运，那是如何的凄惨和阴森啊！

最先，我们参观了正厅的两排侧屋，那是摆列着刑具的地方。堆满了尘锈的镣铐躺得一地，刺目地傲然向着它的客人威吓。小波从没有见过这些，她私下咬着耳朵问我：

“凡，那些东西是做什么用场的呀？”

“那是大人用的手镯和脚圈，你喜欢它吗？”我苦笑着就那么地回答。

典狱官是一位上五十岁年纪的中年人，但看去却不像是一个怎样可怕的人物。他有着一副老是那么平板的脸

像，嬉笑时常挂在嘴边，掩饰过了他对犯人的威严。

当我们要求着他的仁慈：将我们带来的二百多个馒头分散给里面一百二十几个犯人的时候，他慷慨地就吩咐那穿着长衫的牢丁：

“把他们统叫出来，到教诲堂去，领受这些先生们的赏赐。”

“这也叫做赏赐吗？这才是叫做人类起码的同情。”

我目送着牢丁走过了，暗自一个子就那样地在冷想。

等牢丁们把里面一切都布置好了，我们就盯着典狱官的屁股，踏进了冰冷的地窖——啊！那应该说才是真正的人类的罪恶的死门！

重重锁着的粗大的栅门都给踏过去了，凶恶的牢丁似乎都改换过了一番脸容。但不知怎地，在这里，似乎一切也化成了死灭般地，把我们这一团人的热意凝固住了没有了喧声，也不见了笑容，如果没有数丈高墙下面石子路上沙沙脚步声响，就真的使人怀疑是到鬼世界来了。在这里面，哪怕是一个小洞，一根木头，或者是比头发还要更细微的小物事，均会引起无限的注目和神奇。

拐了好几个弯，到一所破烂的泥墙的门框下才停下脚步，一股难耐的臭味就钻入了鼻头，原来是到了所谓教诲堂了。门里面，那堂屋里，就端端正正挤满了一屋子的囚徒。



“一,二。”我们的脚刚跨入了门框，长衫牢丁无表情地就颤声叫了，囚徒们呼的一声机械似地笔直站了起来，敬礼了！

“灾难呀！这样一个罪恶的敬礼！我们能拿什么来慰问他们，同情他们呢！你受苦难的人！”

我抱惭地便举目四面瞭望：啊啊！那到处剥落得像要倒塌下来的霉烂的墙壁，那一根根顽固无比的粗大的木栅，那凹凸不平的泥地，那枯坐在朽坏的木料搭成的一条条破凳上褴褛伶仃的囚徒！那饥饿的火焰，怨毒的气息，布满了每个脏黑憔悴的容颜上！他们是在怎样欣羡我们啊——这一群自由自在的人！他们怎知道我们在外边也坐着了社会的无形的铁牢！

同伴们有个跑上教诲堂牌板下平素讲经传道的台子上说话了，我捉了个空，就悄悄地侧身拉住了一个罪人问话：

“你们在这里怕苦得很吧，不是？”

那个胆怯地摇了摇头。坐在另一边的人眼睛朝里看了一下，才嚅嚅嗫嗫回答说：“看守（即牢工）要打骂的。”

“不要紧。你们家里常有人来看你们吗？”我不顾忌地又问。

“很少有人，就是有也有规定呀！先生。”

我还想再说话，长衫牢丁的馒头就要发到临近了，那二个连忙把脸别了转去，缩住了头，台子上，竟有我们的一个同伴在咬着一支口琴，歪着个头儿正吹着：“多多哩米哩米，多米哩多拉梭，拉梭米……”

啊啊！地狱里的歌声，难听到的啊！你苦难的人！

馒头一霎时就分发完了，我们便目送着那些苦恼子的犯人给牢丁叱喝了下去。牢丁在一个个查点着数目，典狱官领头又带我们参观了好几处里面的设施。到处是一片阴森，一片荒凉。对着了当前的惨影，连那么好活跃的小波，都变得咬着嘴唇，皱起眉头，沉默起来了。

到最后，才探访到了那些苦人的号子——他们的家。

到号子前面最使人刺目的是一排巨大的木栅，和每个木栅缝密密挤着的人头。再往下望，那便是无数脏黑的脚上，总有几套粗重的铁圈——脚镣套着，直刺入我们的眼睛。那门口标着了“禁闭室”几个字，犯人犯事就得受处罚的房子，就像煞是个鬼洞，黑黝黝地，不知里面究竟藏着了怎样怕人的魔物，使人看了汗毛倒竖起来。

我们最先探的是女监，里面的女犯虽只寥寥六七个人，但年纪却从五六十岁的老太婆到十七八岁的少妇姑娘都有。刑期长的竟有无期徒刑的犯人。她们都羞怯地躲在角落里，怕和我们答话。

男监的情形可就不同，他们人多，也胆子大，长期的监禁，没有磨折了他们从前敢犯罪的心。许多的嘴巴争着想要和我们诉苦，无数期望的眼睛，集中向我们一行人扫射："要把我们的苦楚啊！带到有阳光的地方去。"他们每人心里似乎都在那样叮咛着我们。

他们的衣裳，大半是褴褛百结龌龊秽臭的破衣。没有地方给他自由洗晒，也没有足够的衣服替换。一年四季都是那样轮流穿着，穿得变了颜色，添了臭味，撕成破片，但仍然还得穿上。



他们的饮食是比人喂猪狗的也不如。一天二顿黄米饭，一顿稀粥给扣克着，混着一半分量以上的砂子谷壳和

草子，狼吞虎咽吞得下去，还不够个半饱。那下饭的菜，就是黄烂了的菜叶，也没有几叶泅在像人家洗碗水般的油汤面上。

他们的房室，一个一丈见方的号子，至少得容纳八九个人。大一些的，竟要住到十七八个。一张靠壁的木坑，那便是他们年年月月和夏天的臭虫，冬天的木蚤，到白虱做伴栖息的地方。一个个破坏的马桶，陈列在每个号子门口，恶心地经年累月使他们忘记了臭秽。那条条巨大的木栅，就把他们牢牢地关闭在这样一个污浊发霉的小角落里，挨受着辱打，苦罪，寒冷饥饿和死亡。

从那些犯罪者的口中，断断续续地向我们吐出了这等幽怨，我们每个都给愣住了，脚步不自觉也迟阻了起来，每个人都只会感叹咨嗟，替他们局促地不知如何是好了。

就快要到了号子的尽头，木栅里突然向我伸出了一支漆黑的脏手：

“先生，有香烟吗？”

我一句没回复，迅速地就递了袋内尽有两包红金龙一包自来火过去。像拾到了什么宝货似的，整个号子里显出了光耀的欢容。

同伴者看我这样做，各人都争先地解开了各人的窘囊。

“这便是叫做我们起码的同情啊！你苦罪中的人！”

重复踏到了外面的自由天地，我们各人才长长地透了口冷气，身子轻松了起来。

一路上，小波却还在叹气着说：

“我只给了他们四毛钱，可惜太少了，太少了。”

## 五、我们没男人的是多么苦恼子呀

在一条热闹的狭窄的中山路上，我们又冲进了这封建的魔窟——全节堂。

一走进门，就瞥见道旁的一对对红底金字的牌板在迎候着我们，这是妇女们代人做了赎罪的羔羊的最出色的符号哟！

一重重门走了进去，直至最后一进来了，在阴暗的门扉之下，一把粗黑的铁闩，又耀眼地刺激着我们的眼帘。

“这也是监狱吗？”刚才的印象重又在心上浮了出来。

门咿呀地开了，一群褴褛的小孩子飞奔了出来。我们对着了面前这些孩子，这死人的后代香烟，寡妇的身命寄托，不觉又做了一番徒然的叹息。

走进院子里，就有一排二层的中国式的高楼在前面竖立着。天井的四周，不规则地挂满了竹竿和补丁的衣裳。我们切盼探访的对象，那六七十个寡妇，年轻的早躲进房里去了，只有年纪大的惊异地在那里向我们投射着疑惑的眼光。

她们有的在洗衣服，有的在做鞋着，有的却在院里缝着从外面接来的新衣。

年纪大的有五六十岁的老太婆，小的有十四五岁的小寡妇，她们都是从封建的桎梏下被勒迫到这里来度过她们的悠长的凄凉孤单的岁月。被剥夺去了幸福，桎梏了人性，她们也无知地逆来顺受。她们不知道怎样解救自己，只愚昧地暗暗自悼命苦，咬着牙根接受人世的惨遇。

我看着一个中年寡妇毫不羞怯地在向人谈着她的悲凄的身世，忍不住也挤了进去插嘴问她说：

“你们不是都自己愿意进来的吗？”

“没有法子啦。”回答的是那样一句无力的叹息。

“那你们什么时候才能出堂呢？”

“年纪老了，有儿子养老就好出去了。”

“没有的呢？”

“没有的就住一辈子好了。”

说到这里，她就滔滔絮絮告诉我们：她们的进来是没有几个出于自愿要守节，有的是怎样为了不能生活，有的是怎样被家族强迫，更有的是丈夫并没有死掉，自己怎样不好给送到这里来。她们进堂以后，每天几顿粗米饭堂里是有供给，可是讲到小菜，零用，衣服，什么都还是要自己靠自己，要自己靠十个指头去赚。

“可是，你们先生看，做这样一件驼绒袍子院里才给我们三角钱工钿咧。我们有小囝的人，一年到头母子的一身粗布衣服都弄得没法啦，更不要说怎样‘吃好着精’啰。”她边说边抖了抖手上正缝纫着的衣服给我们瞧，一泓清莹的泪夺眶挤了出来，接下去说：“我们一年才准出

去一次呐，还有人跟着，就是清明那天。别的时候不能够呐，我们没男人的是多么苦恼子呵！我们是坐牢一样呀！先生！”

我真不忍再拿话去撩动她的痛苦，又找不到话安慰她，只好把别的话岔开了，就走到别处去。

从天井的走廊兜了一个圈子，我参观过了她们所有的居屋。像上海的古旧房子一样，开间还要小得多的一间屋，就要合住了二个寡妇的家庭——她们和她们的儿女，楼房也是一样。家屋的陈列，除了几条破桌坏凳外什么也没有，但已挤不过气来。

她们穿着都很坏。从小寡妇到老太婆都像害过了什么病，脸色苍白得使人害怕。她们和人说话，好像千头万绪不知从何说起，但没一个不是在叫苦。一个年纪轻的小寡妇正埋头在最末一间房里做着女红，我想走上去探问她几句，嘴没有张开，她早把头撇开了。那些小孩子却莫明其妙地钉住了我们的脚跟。

当一阵人都走得只剩下我一个人殿后走的时候，我的脚刚要踏出天井的门边，一种交错的，兴奋的叫喊：“再会呀！先生！”

那颤抖的声调里，是混合着几许的悲梗和期待啊！我几乎为它迟阻不前。

* * * *

在暮色苍茫的时候，我们还匆忙地走马看花般去参观了一次育婴堂。

在那里，会有什么更好的印象留给我呢？还不是那一副皮黄骨瘦的脸，凄楚低弱的啼声！

“这除了苦人的孩子还有谁才肯这样抛弃自己血肉啊！”

在灰暗的灯光之下，我听着一个中年看护告诉我这些孩子在怎样一个情景收纳进来的经过，几乎要叫唤了出来。

摸出了育婴堂的大门，我一回想到奶妈说她们每个人要同时领三个小孩的话，我真是再没有胆量敢去遥想到这些悲苦的孩子的前途！

“孩子们，你们就从这苦难罪恶中长大吧！”

跳上了火车，我改换了一下自慰的心情。

但小波，给我冷淡忘记了一天的小波，却也像忘记了她自己，在火车上老是喃喃地叫着：

“今年的好收获啊！今天的旅行！”

而我自己，兴奋地从松江一天旅行带回来的就只有这样一句的疑问：

“这些，就是这些人们从出生到长大所应该受的罪和苦吗！”

但我自己的解答，就只还是有一个极度的疲倦和空虚，我呆呆地看着小波，一句话也说不出来。

一九三五,一,一四，上海。

# 舞场所见

（陆志庠作）

这年头坏到有些异样，但，上海人仍需要解闷消愁。上海这个地方到底有没有经济恐慌，有没有动摇了惯于享受消耗的情绪？这是很明显的。鄙人的家财有好几百万，自然，什么事都不去管它。

我和许多人挤在一起，而且挤得很紧，真是热闹得很，可是天天是这个样；东奔西跑，忙于奔走，像灾区抢险样，各人都不放弃对热心于闲逸的享乐，叫这些颇费匠心的舞场老板们，像感谢盛意的启事带在脸上，时时把嘴角拉得长长的，连吃饭都没有心思似的。这儿不是肮脏破旧的场所，堆满了各色各样的废物，而是装饰得富丽堂皇，当得起十全十美去赞颂它的场合。场子中央奏起最好听的音乐，吹入你的耳膜，它会俘去你的心和你的灵魂；还有极称职的侍役，不会生气地伺候你，总之，什么都适合你的性情，使你身心舒畅。到这些地方去遣兴的，都是些社会上的名流，豪富，有资财，又有脸面。女人们有劲地笑着，带着无穷的乐欢；男人们都满心乐意于这种生活的样子。

天天都忙于奔跑，像灾区抢险一样。

舞女不是个个能赚钱的……

但有些却能在半个钟
头的坐台子中弄到整
百的洋钱……

在临时建造的自然景色下面，
发展着许多临时的情爱……

他们拼命地吹，把洋钱从一个
口袋吹往另一个袋里……

自己的相好给人先抢去了的，
就只能坐在一旁发愣……

# 五十年前之上海——上海五十年前与今日之比较

## SHANGHAI IN 50 YEARS

*A comparison of events between those as happened 50 years ago and those taking place at the present time in this city.*

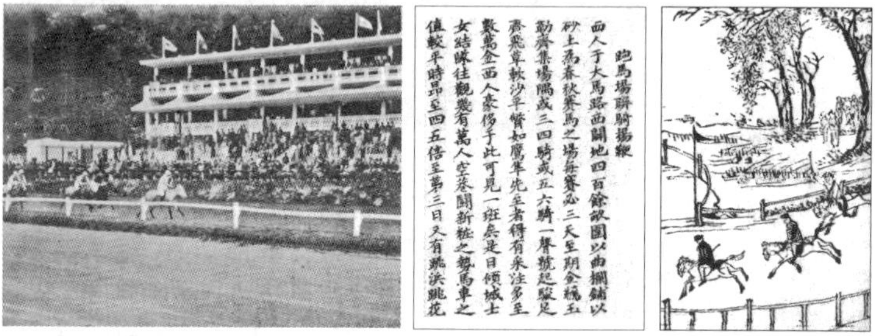

跑馬場騁騎揚鞭

西人于大馬路西闢地四百餘畝圍以曲欄鋪以砂土為春秋賽馬之場每賽必三天至期金瓶玉勒齊集場隅或三四騎或五六騎一聲號起駿足飛騰草軟沙平瞥如鷹隼先至者得有采注多至數萬金西人豪侈于此可見一斑矣是日傾城士女結隊往觀幾有萬人空巷鬧新盆之勢馬車之值較平時昂至四五倍至第三日又有跳浜跳花

五十年前后之赛马场，其外表比前不啻有云泥之别。然其博彩豪赌，则五十年如一日，殊无进步可言。

撫佳麗古道飛車

滬北街道寬平如砥青樓佳麗往往晚妝試罷挾上香車團扇輕衫飛馳于夕陽影裡每有多情公子鮮衣怒馬為意中人親執鞭絲以博臨風一笑者直至靜安寺西遊顧見東升而香塵六萌始唱陌上花開之句誠不讓李夫宮中馬龍車水也邦江薪翹氏滬北雜詠云碧瞬衫子視睞鞍轎憶飛來夕照殘雲一瞬依稀花在霧中看描寫

五十年前自执丝鞭与今日之自驾一九三六年流线车以博临风一笑者，其分别仅马车与汽车而已。惟沪北之郊野已扩展至大上海区，似较昔日更胜一筹。

各國團操奪帥旗

寓滬西商練成團勇以資保衛身家每月擇租界中曠地操演一次春秋二季則訂期大操大操之期場上建一大纛公舉武藝出眾者主之以作三軍領袖操時鎗炮齊飛音樂疊作凡器械之精利步伐之整齊中國各營中斷難望其項背其有武力精強奪得帥纛者彼中人皆拍手稱賀以為光榮至期中國之好事者亦復結隊往觀快觀軍容

万国商圈，今昔无大差别，惟以武装保护资产，于今为烈。五十年来社会之改革，可谓无成绩可言。

阿英先生藏有申江名胜图说两集，系光绪十年之木刻本，其中描绘当时上海之社会生活甚详，与五十年后之今日相比，外表之变易，使人不胜沧桑之感。特商得主人同意，选刊于此。其原集每图对页之说明，亦附刊于此，使读者可借此窥见当时之思想一斑，更附以今日之现状照片，互相对照。昔人谓后之视今，亦犹今之视昔，读者亦有感于斯图乎？

白大橋邊乘涼步月

空江浩蕩景蕭然隱隱飛橋隔野煙到此詩情應更遠月光如水水如天我友譜簫生玩月集句也滬上為肥魚大肉之鄉弦管喧天鶯花匝地求一蕭閒清曠之境不可多得憶昔年偕西吳侍史散步白大橋頭時則兔魄初升蟬聲罷噪柳陰風過颯颯涼生侍史曳霧縠之衣攜冰紈之扇出袖中玉笛吹水仙子一闋水底游魚跳波潑剌亦若聞

白大桥头，昔日可闲坐吹箫玩月，今日则为钢铁之巨桥，车马如龙，行人匆匆。所谓“到此诗情应更远”，真应更远矣。

司徒廟裡了願燒香

保安司徒廟亦呼紅廟在英大馬路中供觀音關
帝等像每届朔望及諸佛誕辰青樓姊妹俱繡幰
雲飛輕橋霞動揭裳膜禮一瞻獅座莊嚴鞋尖綠
鳳三千拜袖底文鴛十八雙沈桐威綠春詞殆若
因此而賦時或喃喃默禱鶯語如絲無非為所歡
祝平安祈福祿蓋可笑而亦可憐已其有輕薄少
年冶游子弟託言隨喜挨入人叢雖耳鬢廝磨呵

司徒庙如昨，善男信女之多亦如昨，惟此庙至今仍兀立于商业鼎盛之南京路旁，似从未尝自惭落后也者。

輪埠上輪船停輪

西國輪船初惟行于各海口同治朝始准駛入長
江近則南至粵閩北至豫鄂沿江沿海遍立埠頭
而浪擊濤翻益覺飛行無滯矣上海輪埠自小東
門外起直至下海浦止艨艟巨艦檣櫓相併每當
一艘到埠凡岸上挑夫及棧中之接客者喧譁擠
擁幾于不辨人聲搭客稍不小心則行李舖陳易
于遺失計招商局太古怡和三家局面最大該埠

输入西方文化，流出中国金钱，轮渡码头外观虽改，五十年来隐痛尚存，码头无罪也，码头无罪也。

電氣燈懸光明如晝

地火之製已稱奇闢行之數年人皆稱便近有英人立德又剏設電氣燈皎潔輝煌遠勝地火其色淡白宛如天上月輪普照大千鬚眉畢現初時當事者誤于謠諑出示禁止嗣悉用之有利無害其禁遂弛近則戲館茗寮酒樓煙室無不光明照耀火樹花繁不夜城闢無俟燭龍銜吐矣惜秦鏡一輪光芒四射彼昏是燕支膩是粉者益覺怪形難

五十年前初用电灯时，当局曾一度禁止，今则无论通衢陋巷，皆有电灯，人人称善，由此类彼，今日之视为洪水猛兽者，五十年后安知不被奉为至善之宝乎！

犯人拖石修街路

租界馬路填以碎石鋪以細砂廣大寬平如砥如矢惟轂擊輪馳易於損壞故工部局常飭犯人脩治其法鑿一千餘斤之滾石空其中貫一鐵軸每日將捕房中在押人犯數十名總繫一練繫軸之兩端驅使曳石而行巡街捕在旁執鞭彈壓稍不遵令鞭如雨下連滾數日路即平坦如初此令近已革除脩路俱出資雇役累索琅璫無復盈街載

昔日以囚犯修路，今日代以机器，惟囚犯之被虐待，固未尝因无须修路而休止也。

西國牧師口宣十字

歐洲之來華傳教者耶穌教中稱為牧師天主教中稱為司鐸其教雖各分門戶冰炭不投而其原則總歸一致大旨以勸人敬奉上主孝悌忠信為本賞則娼優隸卒之輩無不并蓄兼收以故信之者奉若神明而斥之者恨深骨髓每屆禮拜之日教士開堂宣講男婦老幼皆雁行魚貫長跽恭聆至耶穌誕辰尤喧嘩竟日十字架為耶穌受刑之

五十年来教堂由小而大，由零而多，中国因外国教士而引起之灾难，五十年来亦书不胜书，数不胜数。

一品香攜朋喫大菜

西人飲饌俗呼大餐亦稱大菜大約以專味爲貴如牛脾猪脾烤雞拷羊肉之類觸鼻腥臊幾至不堪獨遏而慕羶之輩猶復甘之若飴豈諸君腦滿腸肥竟爾別有嗜好歟一品香在英界四馬路素推此中巨擘全席西菜須朱提十餘兩即二三知己小酌談心非費蚨手三四頭斷不能效子公染指蓋較之蘇津諸館聲價尤高我友味芳生有嗜

昔人以大菜为触鼻腥臭者，今则无不趋之若鹜，市政府之轮渡码头，且以其上层特设水上饭店，专营大菜，而一品香在今日亦瞠乎其后矣。

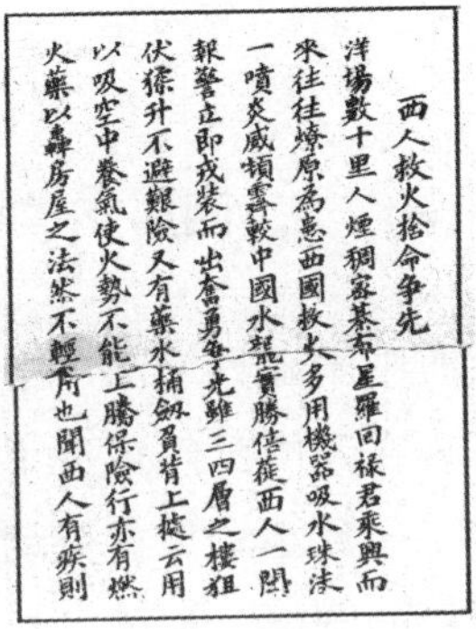

西人救火捨命爭先

洋場數十里人煙稠密綦布星羅回祿君乘興而來往往燎原為患西國救火多用機器吸水珠沫一噴炎威頓霽較中國水龍實勝倍蓰西人一聞報警立即戎裝而出奮勇爭先雖三四層之樓狙伏猱升不避艱險又有藥水桶斜負背上據云用以吸空中養氣使火勢不能上騰保險行亦有燃火藥以轟房屋之法然不輕用也聞西人有疾則

昔日奋不顾身作救火消防队者仅属外人，今则我国之消防队遍地皆是，其英勇有过无不及。中国人民，固非怕死者。

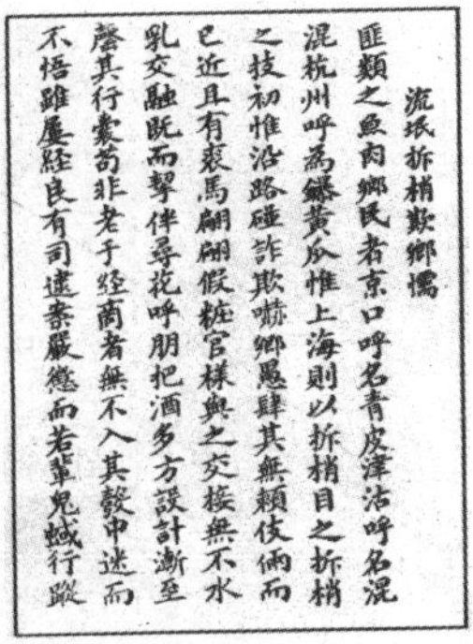

流氓拆梢欺鄉儒

匪類之魚肉鄉民者京口呼名青皮津沽呼名混混杭州呼為鑠黃瓜惟上海則以拆梢目之拆梢之技初惟沿路碰詐欺嚇鄉愚肆其無賴伎倆而已近且有裘馬翩翩假粧官樣與之交接無不水乳交融既而挈伴尋花呼朋把酒多方設計漸至罄其行囊苟非老手經商者無不入其彀中迷而不悟雖屢經良有司逮案嚴懲而若輩鬼蜮行蹤

巡捕捉赌，固五十年前之陈迹，今日政府开彩，印度巡捕，亦不得不拟借此发财，自作赌客矣。

# 上海的湖心亭面面观

（张若谷）

## 一、西洋文学家的赞叹

“在上海中国地界的南市中心区，有一处叫做‘老爷花园’的，现在园内已经盖造了许多屋子；所留存下来的唯一胜景，是一片小湖。在流动的湖面，反映出周围建筑物屋顶及角檐的倒影，是可以赏心悦目的。

英国画家甘斯女士所作湖心亭图。

湖心有一个小岛，岛基给一个吃茶亭子占去了，旁边有一株叶条拂垂绿水的杨柳树。亭前有桥，不作直行；因为这样简单的式样太不合中国的趣味。桥身曲折作多角形，行程增长，更多奇观。我们所欲参观的目的物，就是这座茶亭和曲折的桥。在中国人的心目中，这个著名的建筑，等于是我们心目中的埃及金字塔，巴黎圣母堂，华盛顿的白宫一样。……这座‘老爷花园’中的水亭为世界所公知，没有别的中国纪念物比它更出名的了。”

上面一段描写上海城内九曲桥湖心亭的文字，是从西班牙文学家伊本纳兹的“一个小说家的周游世界记”中节译出来的。世界名著“四骑士”的作者，在十多年前，曾来中国游历，他虽则是一个写实派的老作家，但是在他的中国游记中，也犯了印象派的毛病，有许多地方是写得不尽的，他是始终竭力称赞中国荒废风景的美丽，把这个有三百多年历史的茶亭，竟和三千年前的埃及金字塔并列为世界名物之一。这恰和日本文学家芥川龙之介在“支那游记”中，描写上海城内的乞丐“嗒嗒地舐着那腐烂像石榴似的膝头”那样痛骂的文字，成一个绝对相反的对照。这两个观念和感觉绝不相同的东西文学家，在他们笔底下所描画的九曲桥湖心亭，都有过火的地方，一个是从西方海盗的国家跑到东方来欣赏精神文明；一个是“友邦”的强邻他是受了大阪每日新闻社的嘱托，来满足他的怪奇 Grotesques 趣味的；结果是把一座普通的中国私家园亭，在一方面，升列为世界名物之一；另一方面，却比作为残疾乞丐的荟萃所了。

## 二、中国诗歌的咏唱

这座被外国人称作“老爷花园”的，即在上海城隍庙后面的豫园，一名西园，是潘方伯的豫园旧址，其中楼台亭阁，都先后经过毁坏重新构造的。今日的豫园，除了封锁的点春堂（俗名小假山）和萃秀堂（俗名小假山）以外，其余园地都已辟为市场了，只有九曲桥和湖心亭，据说还是保存着旧址，不过从前的九曲桥是木栏石樑，如今完全已改成为水门汀的了。



在中国旧时笔记中，有不少关于湖心亭的记载。乔钟的“吴记”，写西园景致最详尽。杨光辅的“淞南乐府”，有一章是专咏豫园的：

“淞南好，兴废劫灰红，神庙重新花娅姹，豫园依旧玉玲珑，杯酒酹潘公。”

这里所谓潘公，即指豫园的旧主人潘恩，据“淞南乐府”作者考证：“潘恭定公豫园荒废殊尽，独玉玲珑三峰尚存，今属邑庙。邑人疏渠垒石，重建亭台，改名西园，有玉华堂，吟雪楼……九曲桥，湖心亭，……茶墙，酒墅，绿杨春榭诸胜。”

清道光十九年张春华撰“沪城岁事衢歌”，其中有一章是咏唱湖心亭的：

“潋滟湖光碧印霄，莲池夏气豫园消，一夜波净茎摇绿，夹道穿过九曲桥。”

原注：“邑庙豫园有池广数亩，中有亭，名湖心，左右盘折，平卧水面者为九曲桥。池植红莲，夏日盛开，晓起立桥上，面面皆花，绛霞晕目，水风送凉，真佳景也。”

在上海民间歌曲中，有一首叫做“改良的游码头”的，也有关于城隍庙湖心亭的歌唱：

“城里有只城隍庙，城隍大老爷当中坐，八个奴隶分左右，星宿殿现在搬场搬辣后底三层楼。后花园新造九曲桥，桥

上：三十年前之湖心亭。下：今日之湖心亭。

从湖心亭东望九曲桥。

九曲，水门汀栏分左右，湖心亭一只新造好，相对春风得意楼。”

## 三、艺术——作的题材

上海城隍庙的湖心亭，不但常受东西文学家们的赞美，同时在建筑方面，那尖角形的茶亭屋顶，和曲折弯转的桥樑，都常给艺术家们采作为绘画的题材。一座古旧乌黑的茶亭子，经过画家审美的眼光，用鲜明的颜料来表现出东方色彩：红窗，褐色的瓦，和金黄的竹帘凉棚；白石的桥脚，柠檬色的扶栏，平卧在碧绿的池湖上面，桥上点缀着红衣青衫的男女老小游客，这是爱丽若蓓德甘斯女士 Elizabeth Keith 用日本水彩画法绘成的一张湖心亭写生图。



故漫画家黄文农，曾经凭他个人的幻想，画过一张九曲桥湖心亭图，为上海城隍庙董事会秘书火雪明君所见，便去做了他作的“上海城隍庙”一书的封面。前年旧历除夕，我和漫画家张乐平君同游城隍庙湖心亭，那天半夜，九曲桥上挤满了男女老小，拥挤得水泄不通，张君生平第一次看见这般热闹情景，回家后即剪成了一张黑影图，复为火雪明君所见，大加赞叹。他题上了这几句话：

“九曲桥湖心，十三年中日日过之，无此印象。动定成态，由知得力于木刻者，佩服佩服，而姤若谷得之。廿四年二月火雪明拜读于邑庙大厅。”

乐平君那张剪影中的景象，每年一度可在岁暮大除夕见之。每逢星期日假节，九曲桥上，虽亦游人如云，但是在白天光日之下，却缺少一种夜色幽静的情调。我家居城隍庙东已三十余年，在我私人方面，也觉得湖心亭的夜景，比白天更来得富于诗境。正如老友雪明君所说的："夜间走过九桥，一折一折的红石栏杆，浴在月光里发出明洁的色泽，而人影倒映在湖心中，随着我们的步武的移动；风吹波皱，影亦碎裂，一种光景，确是美妙非常。"

漫画家张乐平君所作湖心亭九曲桥除夕景况之剪影。

## 四、国际的公众游览场

上海城隍庙的后花园里，有两家出名的茶馆，一家是"春风得意楼"，一家是"九曲桥湖心亭"，这两处都是我童年时代跟着父亲每天必到的茶馆。

年轻的人，都喜欢到得意楼去，他们喜欢跨登装着亮晶晶玻璃镜子的楼梯，二楼设有说书场，三楼辟有雅室，雅室里放着几种中国乐器。而且设有坑榻籐椅，从高处可以看大假石的景致。这里的茶客，多半是摩登少爷，洋行

从湖心亭西望九曲桥。



小鬼，有时也有年轻的太太小姐，但是和南京路上的新雅或大东茶室相比起来，却是不可同日而语了。

至于湖心亭的主顾，多半是住在城隍庙附近的老茶客，他们都是风雨无阻每天必到的忠实的主顾，他们差不多都有固定的座位和各人自备的宜兴土制老茶壶。这里地方狭窄，但是茶价却非常低廉。楼下早茶，午茶，一律取铜元十一枚。楼上早茶一百十文，午茶一百五十文。湖心亭的茶客，比起得意楼要平民化得多。但是不时也有世界游历团中的外国旅客，和观光中华的“友邦”人士，到这座有三百多年历史的茶亭里，品尝中国香茗的。在湖心亭的墙壁上，有一张英文的茶价招牌，写明他们备有特别茶一种，（所谓特别茶即拣上等的茶叶，渗进了糖精）每客大洋三角。这是优待外宾的一种表示。若是日本人，他们都识中国字，就没有资格享受这种权利，也不必尽出高价茶资的义务。

天气热的时候，一个人闲着无事，到湖心亭的楼上，在靠近湖的窗口，拣一个座位，俯眺九曲桥上来往不息的游人，也是一种消遣的方法。在东西两架九曲桥上，各色人物都有，尽可以供给你当做观察上海社会的活动材料。有闲的小商店老板，手里提了鸟笼，在桥上展览他的心爱的金雀儿；烧香的老太太少奶奶，来探望湖上放生的鲤鱼，她们都说："九曲桥底下的鱼，比杭州玉泉的来得写意。"小孩子们围在桥口，看大小乌龟们在湖边晒太阳；小贩们在桥的每一个转角，兜卖眼镜、扇子、香烟咬嘴、陈皮梅、西瓜子；蓝眼睛黄头发的外国人，拿了照相机，东一张，西一张拍取湖心亭的风景；穿洋装的黄脸黑眼日本人，神气活现，摇摇摆摆在人堆里舞着手杖，说着不伦不类的上海话，和小贩们还价买东西……

已故漫画家黄文农氏所作湖心亭九曲桥之漫画。

谁都料想不到，在二三百年前的一个大官儿的私家花园，到了二十世纪的今日，会变成了一个民众的游览所，同时还变成了一个国际的小小市场。湖心亭呀！你该受古今中外人士一致的赞美！

二十五年六月二十四日

# 上海市博物馆之参观

我们看到石器时代的石刀石镞，便会想到万年前穴居的恢宏奇伟，面目狰狞的人类在弯弓瞄准及宰割着血淋淋的野兽以备生吞活吃。

我们看到隋代舞俑，便会想到锦帆千里，彻夜笙歌，炀帝的风流宴乐。

我们看到唐代胡服的女骑明器，便会想到淡扫蛾眉，平明骑马的虢国夫人朝天时的风韵。我们看到陆深徐光启乔一琦陈化成等的画像和手迹，便会想到一般上海古代近代名贤在政治军事学术上之造就，肃然而生景仰之意。

我们看到清初满虏的盔甲，便会想到扬州十日，嘉定三屠，亡国之余痛，愤励而起自强之心。

我们看到古代的画幅便会想到神品逸骨之超凡极奇，供奉上林之盛事。

我们看……这一切都可在上海市博物馆悠然自得地享受到。都可以利用我们的眼达到我们获得一般的知识高尚的享乐和深远的研究目的。

近年博物馆运动的高潮像狂飙一般地袭入东土，新的文化机关纷纷树立在人口繁颐的通都大邑里，在国难严重下无数的斗士埋头苦干地联合在文化建设的阵线上奋斗着，上海吴市长便是这里的斗士的领导者之一员，很值得我们的钦佩的。

*Li Ta-chao, secretary of board of directors.*
董事兼筹备主任及董事会秘书李大超氏。

*Hu Sheo-chun, head of the museum.*
馆长胡肇椿氏。

*The museum as seen from outside.*
上海市博物馆之外观。

*Yieh Kung-cheh, chairman of board of directors.*
董事长叶恭绰氏。

*Ancient brass utensils in the fourth show room.*
陈列古代衣饰及用具之第三陈列室。

*The magnificent interior view of a show room.*
布置前之陈列室内景，画栋雕梁，极堂皇富丽之至。

*The assembly hall.*
博物馆内之礼堂。

*The first work room.*
博物馆内之第一技术室。

*Reading room.*
图书阅览室。

凡参观过今年四月举行的中国建筑展览会的人大概都已景仰过那矗立在市中心上海市政府前面的上海市博物馆，一所具备着中国古代的装饰美和现代最新的科学设备的崭新的建筑和它正对门的上海市图书馆互相地辉映着，那便是吴市长自二十三年以来用款三十万元经营以供大众享用的上海最新文化机关，那也是上海市最高文化艺术之宫之一。

由该馆董事长叶恭绰氏指导之下，该馆于二十四年十一月假中华学艺社开始筹备。那时的筹备主任是李大超氏，并由精通上海史实的专家徐蔚南氏，著名考古学者郑师许氏，分别担任该馆历史部艺术部陈列品征集事宜。二十五年四月在市中心新馆舍正式成立。由吴市长聘胡肇椿氏为馆长，陈编志、徐蔚南、郑师许三氏为总务历史艺术三部主任，仅经过八九月的筹备，该馆已定于十月间开幕了。

在现代化的建筑内，现代化之管理、设备、陈列、技术、研究都充分表现着。我们踏进上海市博物馆的大门，即感觉到现代博物馆的浓厚空气。根据普及教育、领导欣赏、策进研究三条基本原则，该馆数月以来，无论在陈列品之征集，陈列以及技术上研究上都向着这三条条大路迈进，关于上述几点，他们已在逐步地实现出来。我们更须晓得上海是富有国际性的

*The Seventh Show room.*

第七陈列室之外观，庄严华丽，得未曾有。

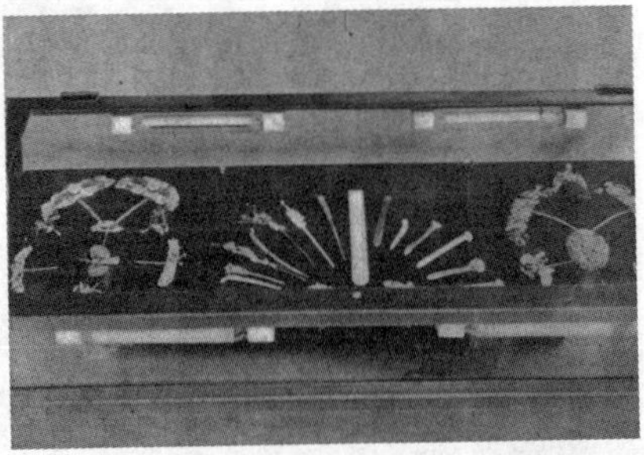

*Ancient ornaments.*

古代首饰窗橱之一部。

大都市，而上海本身又具有深长的历史，所以该馆不特要担负着表现中国固有文化的使命，而且要把整个的上海呈现出来。所以它是个都市博物馆，同时也是个地方博物馆。

记者根据这两点去参观他们内部的陈列，觉得他们艺术部方面的布置：书画百余件，多数都是名家精品，而古代美术工艺如象牙，雕填，景泰蓝，刻竹，镶嵌，丝织等等以及艺术部所附设的考古一类陈列自化石，石器，陶器，玉器，甲骨，古印，铜器，铁器，银器，瓷器等等都是努力要将中华文物艺术的灿耀的光辉映进中外人士的眼帘。

*Ancient garments, in the third show room.*
第四陈列室，所藏皆为古代铜器。拾级上升，则为第五陈列室，再进则为第六陈列室。

回顾看看他们历史部的阵容，那浓厚的上海史的空气立刻开展出来。踏进第三陈列室中，三个大玻璃柜：中间一个是纺织工具模型，都配置着工作的泥人，生活逼真；左边一个大柜中陈列宋元时代上海下砂场盐场模型；是依据元陈椿熬波图制作的，陈椿的熬波图也一一陈列于同样一柜内，互相对照；右边是渔具，其中有上海所特有的渔轮。上海的三大产业——渔，纺织，盐——都表现出来了。靠壁的玻橱内，有几十种上海四周海产——鱼，奇奇怪怪都有；上海的棉布，各种花报，颜色以及印花的纸型也装置了二个橱，还有上海的工业，上海商港的设备，交通器具的模型，上海部的建筑材料等无一不是上海的东西。

第一、第二陈列廓，也充满了上海空气！上海石刻的模型，则有名家图画与书法；上海的碑拓，上海及其四邻的志书，用上海话写的书籍，上海人物的照片，上海文庙的遗物，上海的文献；还有各种新鲜的上海统计！四壁挂的是上海地图和上海乡贤照相等。这一切都浓厚地充满上海空气，上海史的现实化！其他为华丽的清代服装露香园的刺绣，日用器具，首饰，银币，铜币，钞票，邮票，等也多数和上海有关的物品。这纯粹是地方性的表现，我们在那里才真正地看见“上海”是怎样的。换句话说：我们跑到城隍庙，南京路要看上海的真相是失望的，只有在这上海市博物馆才表现到上海的真面。

陈列之系统化，布置之艺术化，标签和说明文字之阶段化也是该馆的特色，甚而至于入门券之徽也要令它废物利用，表现出教育的力量。入门券上刊印若干影片图画和统计文字非常美观，赠给观览者做纪念，据说一年要刊印一百五十种。这种潜在的教育力量是效力很大的。再说到他们的研究工作也很可惊，现在已出有丛书七八种，都是该馆的研究员——皆国内著名学者——和该馆馆长部主任执笔的。

技术方面呢，设有四个技术室，内分制模，修理摄影，化学及制图等，现在已经聘用了四位专门技师了。可惜第二三四技术室因设在最近加筑的工场部分中，加筑的新屋还未竣工，那三个技术室还没着手布置，不过单看那第一技术室已经可以看到科学化技术之一斑了。

胡馆长和我说了许多为着经费之有限，筹备时间之短促，和同人力量之微薄等，不敢自信的话。但老实说，要完成一所十分充实完备的博物馆也非十年八年以上不为功，我们也不必作什么求全之论，不过我们总觉得该馆当局之努力，是值得我们钦佩的。

## 泅泳池畔之速写
## SCENES OF THE SHANGHAI PUBLIC SWIMMING POND

（摄于上海公共泅泳场）

*After Swimming.*
倦游之后。（陈rel德摄）

*A busy scene of the swimming pond on Saturday afternoon.*
星期六下午泅泳池中热闹状况。

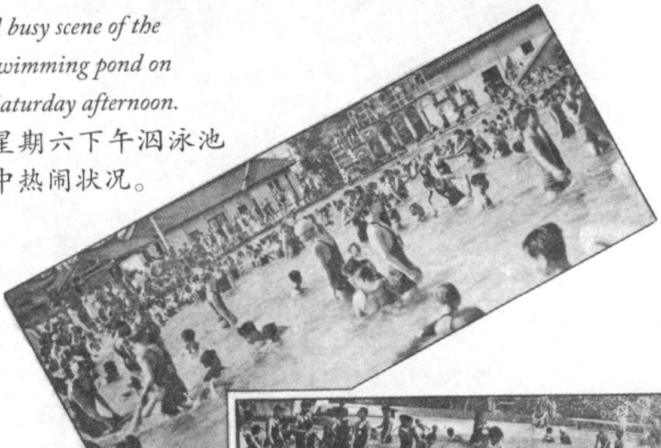

*People of all classes gathering merrily in the same pond.*
各界人士欢聚一塘。

*A place with shallow water for the beginners.*
浅水之一隅供初学者试泳（林泽民摄）。

*A fountain by the pond.*
池边之喷泉。

*Taking a rest.*
休息。

*Standing alone.*
独立精神。

*Learning to swim.*
教导与学习。

*Having a strong constitution.*
强健之体魄。

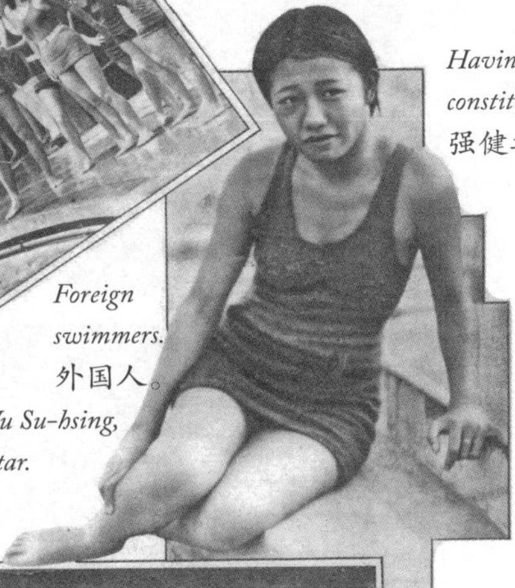

*Foreign swimmers.*
外国人。

*Miss Wu Su-hsing, a film star.*

电影明星吴素馨女士。

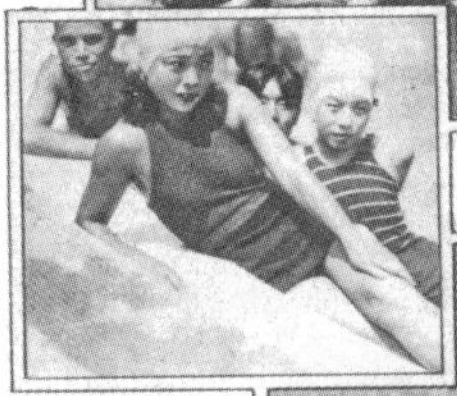

*Swimming companions.*
朋友。

*A resting place for the swimmers.*
池畔绿草如茵供泅泳者休息消遣。

# 上海新女性

*Two sisters*: *Misses Yang Su-hua and Chiu-hua.*

姊与妹：杨素华逑华两女士摄于香港海滨。

*In a state of nature.*

回到自然去：郊外溪上之人体美。（胡晋康摄）

*Liang Kiang Girls' School basketball team.*
健将：两江女子体育学校篮球队。

*Chinese girl athletes in Shanghai International Athletic Meet.*
钉鞋：上海万国运动会中国女选手合影。（陈昺德摄）

## 时代女性
## THE FEMALE SEX OF THE AGE

她们——

在常人的眼光中，她们是时代的赘物，落伍者。但是事实胜过巧饰的名词，她们，无疑地，是最时代的。

*Women dragging a boat.*
“育杭！育杭！”自己的力量，换给自己的食粮。（蔡希陶摄）

*A female botcher in the street.*
街头的补衣妇。

*A woman rowing a boat.*

摇，摇，摇，卖力不卖笑！

*A woman selling flowers.*

卖花的妇人。

*Female water-carriers.*

挑水的妇人。

她们没有华丽的衣裳，但是她们却满足而且骄傲地穿起她们的粗劣的布衣，因为这是她们自己的劳力所获到的。她们从不涂抹脂粉，因为她们无须用脸孔去取悦于人，也没有爱美的闲暇。她们没有受教育的机会，但是她们比那些受过教育的还知得清楚，知道怎样努力，独立，坚强地去做一个“人”。她们不会说夸饰的话，但是她们实际的劳苦工作胜过一切美丽轻巧的言词；她们不曾有过享乐，但是她们明白一切的享乐是她们建筑出来的。她们用努力去报复恶詈，用忍耐去抵御目前的欺压；她们被当做是最蠢笨无用的，但这只有她们才知道她们自己有怎样地理解到更明确的意识，握着坚强的意思，刻苦地，迈进向时代的前头！

她们最能了解着时代，最实际地在担负着时代的使命……

*A woman keeping a fruit stall.*
小果滩。（光武摄）

*Washer-women.*
浣衣妇。（杨冠盛摄）

*Female carriers.*
挑担的。

*Female farm—laborers.*
妇农。

# 不知道忧郁的女人——一封时代小姐的信

（建英）

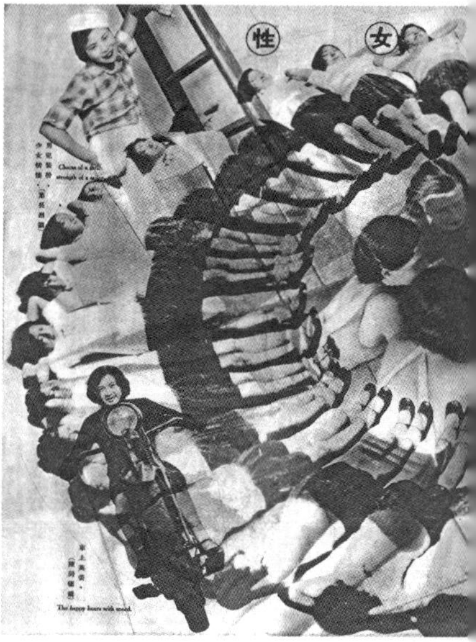


紫云：

你寄给我的正月号“Vanity Fair”杂志，我昨天收到，谢谢。

你看见彩色插画的史泰林的横颜吗？我们唯一的英雄，面上又增加皱痕了。然而他有力的手腕与坚毅的志气，觉得比其他什么东西还感动我的心绪。

紫云，我的手中现放着一本“Vogue”杂志，正在阅读着什么关于今春女夜服的长短，应该几尺几寸咧，什么今年胭脂的颜色，渐趋橙褐色咧，又什么荷皮梗牌的混合香水，能充分地表现个人的Personality咧，等等有意思的文字。

我的爱人志新，已同我离别了。我想你也已经知道

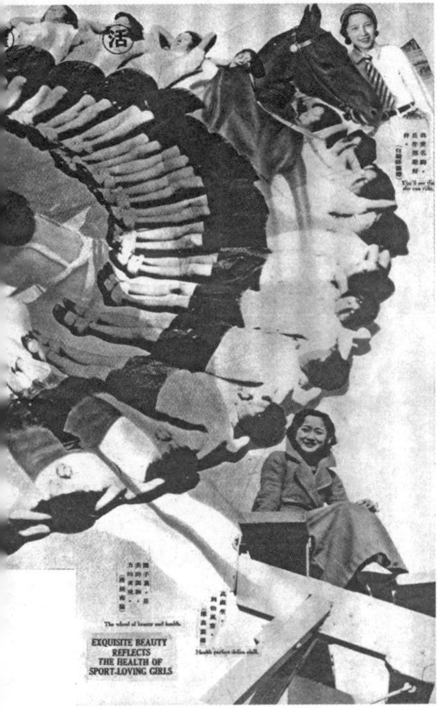


了的。他离开我的理由很多，其中较重要的说是我的性格太复杂，太强；我的感觉太锐利，太新鲜；我的情感太移动的，太什么什么。你想好笑吗？但是我也不能埋怨他，因为自古以来男性是守旧的，女性是多变迁的。二十年前的男子与一九三四年的男子是差不多的一个，他们所要求于女性的条件，真是自古以来，未曾变化过；他们是本能的动物呢。我的爱人见我这样，觉得很怕；哈，哈，他真的怕着我呢。

我现在很快乐，我嘴上的纸烟，在我的笑声中落在地上了。我现在开着Bing Crosby的唱片："Here Lies Love"，他那生动的歌声，跟着萨束风旋转的音律，更使我愉快了。

也许你觉得奇怪

了，我为什么不知道忧郁或感伤。那有什么奇怪呢。男子都是千篇一律的东西，志新去了，第二个志新就会来的啊。

祝你

快乐。

丽丽。

—— 一九三四,一月十日。

## 都会灯光下的两种女性生活的典型

华灯初上，宴舞交际场所里的趋时服式，也开始活跃。

不管有什么重要的工作，但是衣饰的考究是不能忽略的。

盛装而矜持的妇人，就是我们所称为高贵的女性。

大都会灿烂的华灯初上后，在闪耀的电光里，我们就可以看见两种女性的典型。一种是除了打牌跳舞看电影之外，专在衣服上做工夫的，有太多的钱和太多的余闲的女性群，也是对于后者最鄙视的一群；另外一种是迫于饥寒，不能不以肉体来博取温饱的挣扎于生活下面的女性，也是永远受着前者所诅咒的女性。这里的两页图片，一页就是衣饰的橱窗，里面全是像真的衣架子，另一页是一些以不成熟的歌舞，仅靠肉体来号召观众，以求生活的可怜的歌舞女，代表了许多同样的可怜的女性。两者都是病态社会的现象，两者都是人类所应该共同负责的耻辱，世界妇运工作了许多年，而两者直到现在也依旧存在。

无论脸上是怎样地欢笑，笑靥的里面仍是满腔悲泪。

无论外表怎样的美丽，衣服的里面还是一团稻草。

这里虽有许多不同花式的衣料，然而外表的装饰却是一样的。

华灯初上，靠肉体来吃饭的可怜的女性也起始活跃。

不管我们的舞艺好不好，但是我们的生活问题是不能不解决的。

半裸的媚笑迎人的舞女。

这里虽有许多种舞姿，然而其为生活而挣扎却是一样的。

## 新女性——上海职业妇女一瞥
## *MODERN WOMANHOOD*

Ladies with different vocations in Shanghai Photos by Newsreel Wang

（王小亭摄）

*In an editorial office of the "China Press."*
大陆报馆中的主任与打字员。

*Telephone operators.*
电话公司中的接线员。

*Announcer and singer in a broadcasting studio.*
电台中的报告员与播唱者。

*Miss Li Hsia-ching, aviatrix.*
航空社中的飞机师
李霞卿女士。

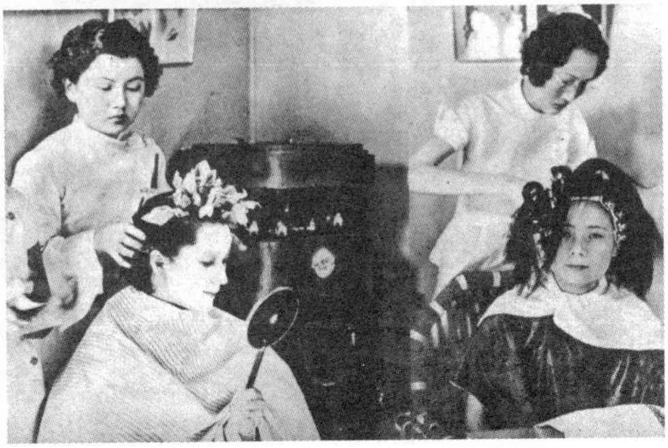

*In a beauty parlor.*
美容室中的技师。

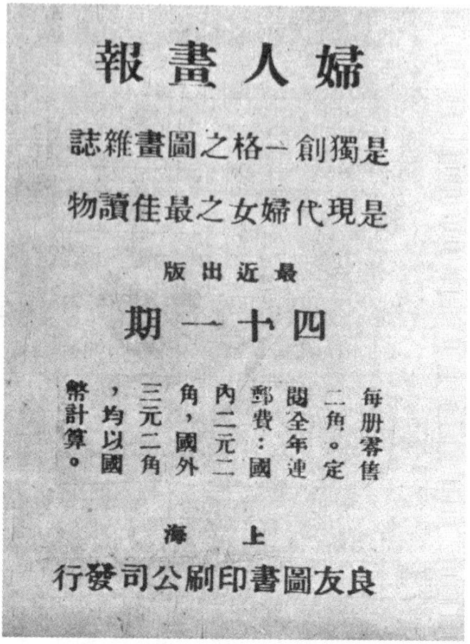
婦人畫報
是獨創一格之圖畫雜誌
是現代婦女之最佳讀物
最近出版
四十一期
每冊零售二角。定閱全年連郵費：國內二元二角，國外三元二角，均以國幣計算。
上海
良友圖書印刷公司發行

# 上海妇女衣服时装

**日本袍**
家居时披着极为舒适。

**日本袍**
袖宽而大夏季穿之两袖生风。

浴后或临睡时所披之大花围观。
杨爱立 女士

**睡衣**
胸开袖短绣以花鸟舒适而美观。
李曼丽 女士

长马甲为现今海上最时髦之衣装。
鲍玉清 女士

**旗袍**
全衣绣以龙梅，贵而艳。
张莲贞 女士

短衣长裙为海上妇女普通装束。
吴爱珍 女士

短衣宽裤为海上最时髦装束，
中年妇女多穿之。
王雪雁 女士

长旗袍大家闺秀多穿之，此乃
正面观。
张像桃 女士

长旗袍后面观，春冬季多穿之。

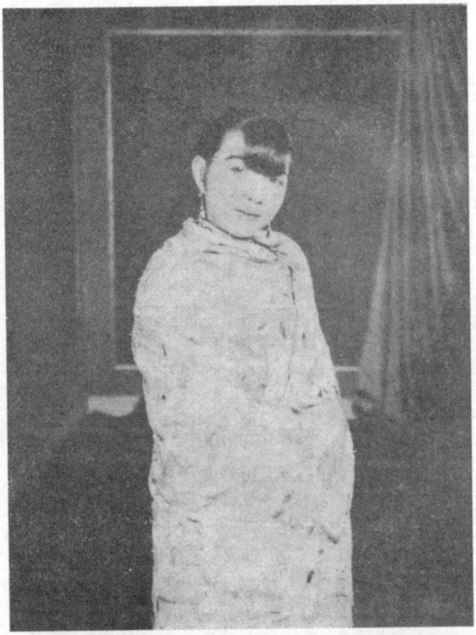

斗篷为海上妇女跳舞前
后多穿之围衣。
鲍玉清 女士

上海冬季时装。
杨爱立 女士

## 上海之春

（周乐山）

### 1

——已是二月了，怎么上海还没有春讯呵？

住在上海的人，是永远见不着春天的。

真的，住在上海的人，是永远见不着春天的呀！那拥有多量金钱的资产阶级，他们所注意的是新闻纸上占着半张篇幅的有声电影广告；申园，逸园的跑狗日期；先施，永安，新新三大百货公司的大减价广告，……

严寒的春天，资产阶级的太太奶奶们，早晨是照例不出门的，高楼大厦的深闺之中，是整天整晚地开着电灯。将狐皮大衣往腻嫩的身上一裹，跳上汽车，风驰电掣的，一会儿到了目的地，或者看电影，或者打牌，有时也跳舞，回家时，已是第二天的晨间了。

他们是不觉着有春天的，或者觉得有夏天罢？因为要换上仅仅遮着白肉的轻纱了呢。

住在龌龊弄堂里的穷人，也是一样的见不着春天。

当晨间被倒马桶的声音吵醒以后，再没有方法睡下去了；继续着有种种的声音在窗前叫喊着："……申报……新闻报……民国日报……时报……"这种的叫喊，至少有四五次；接着有叫卖："……乳腐……乳腐……"的；有叫卖"甜酒酿……甜酒酿……"的；有叫卖："菠菜……

青菜……黄芽菜……”的……

在这种种生的挣扎的叫喊声中，提着水壶到老虎灶上去泡了开水回来，洗过脸之后，大饼，油条的早餐也用过了，于是挤上了有轨或无轨的三等电车，乘客的心中，希望早点驶到目的地，省得那资本家又在他迟到理由上克扣一点钱；在电车卖票人的心中，乃希望查票人不闯了上来，他可以揩一点油，或者全部不给票。

到了工作的所在，自然是将气力或者脑力被人纳进一定的模形之内，在那模形之内不息地工作着，自然，整天所见的光明，都是电灯所给予的。

等到工作完毕，回到那龌龊的弄堂时，已是青天隐去，全是电光的世界了。

## 2

走到上海物质文明的中心，那红木铺造的马路上去，在那高耸入云的建筑物下闲踱着，就如同一粒石子投进漩涡里去，叫你心情不得不紧张起来，因为一不小心，很容易在十字路口送掉你的性命。

那红木铺造的马路上真热闹呀！有供给有闲阶级阅读的小报；有出卖老板阴阳历本的；有供给姨太太，小姐们的哈巴狗或小弟弟玩的气球；有专替人刷皮鞋的俄罗斯人；有从大减价底商店里发出来留声机的歌声，如丽娃里答之类；有……

中海之巷。

只看见钞票与银角子在空中飞舞呀！那见着一点春的消息？

偶尔被大商店的窗饰吸引住了，站住赏玩一下，定有拖着半截鞋子，口里衔着大英牌香烟头的鸦片烟鬼在你后面诉起苦来：

——大少爷：做做好事！……一只铜板呵！……祝你今年发财……

……高升……真苦恼呵！……

有时不耐烦的走开去，他会一面诉说，一面跟踪着你走，鸦片烟的瘾，鞭策着他们跑得很快，一直跑到站着有巡捕的地方为止。

这种男的或女的，在红木铺造的马路上及其附近，随处都可以遇见。

在十字路口，更可以看见巡捕的威严，巡捕底威严的对象当然是黄包车夫；因为巡捕假如不对黄包车夫施威严，那他除指挥交通外，简直无威严可施！

黄包车夫的得罪巡捕，并不一定要妨碍交通等等罪名的，巡捕随时可以打他，打得很重，或者将他的车垫拿了去，叫他不能营业。

黄包车夫于是向巡捕老爷哀求，哭泣……

巡捕老爷高兴的时候，将木棍向黄包车夫打一下：

——去！

这等于皇帝的圣旨，黄包车夫于是欢喜地走开了去。

有时巡捕老爷故意的恶作剧，将木棍向黄包车夫喝一声：

——去！

但是车垫还踏在巡捕老爷的脚下，车夫于是又哭丧着脸哀求道：

——先生！先生！对不起！下次不敢，今天还没有拉着饭钱呢！

哀求的生效与否，也要看巡捕老爷的高兴与否而定，有时将车垫一踢，喝道：

——拿去！快滚！

或者置之不理，于是车夫又哀求，又喝，又打……

尖厉的春寒之风，刮得巡捕们的头也有点往衣领里躲，而坚硬的木棍敲在骨瘦如柴的车夫手上，不敢躲缩，躲缩是反抗，所以只好硬受！

——……啊哟……啊……哟……

这种凄惨的呼声，当跨过十字街头时，常常很容易听见的。

## 3

街堂里的见不着一点春色，这是住在上海的人共同感觉着的？或者也有罢，那是在静安寺路与法国公园的附近，那儿有美丽的园林，但那是白种人和高等华人憩息之所，住龌龊弄堂的人是欣赏不着的呀！

然而毕竟是春天，虽然是龌龊的弄堂，有时也有春的来到！



我不幸而传染迟睡迟起的习惯，据说是住在上海的人最容易传染的，所以我也难免。

在某天的早晨，我被娘姨和妻的谈话声闹醒了：

——还是一个男孩呢！

娘姨的声音。

——很白胖呵，不知是谁放在那门外的？

妻的声音。

——刚生下来不久呢！

——脸色还是红的哟！

于街堂里的人声嘈杂中，向妻询得了究竟：

原来是我们住的里内第三弄第一家，于晨光曦微中，有人敲着他的后门，等到娘姨去开门时，那敲门的人已经跑远了，遗下了一个婴孩在门外，婴孩身上留着一个字条，写着：

“这可爱的婴孩，奉送于您家罢；因为我无力，无勇气养他。

×××上”

果然，这婴孩十分受那家的欢迎，那家欢迎这可爱的婴孩也有欢迎的理由的；因为那家是没有孩子的。

——那准是私生子呵？

妻说完后说的。

——这是这贫荒的弄堂的春色呢！

我赞叹着说。

可惜那孩子的父亲和母亲我无从认识，至今引以为恨！

## 4

我照例是躺在床上看报，看报的态度，个个不同，有注意国际消息和国内政治消息的；有注意教育或体育消息的；但是依我的推测，还是用看小说的态度去看“本埠新闻”的最多，我就是一个。例如：看绑票案，好像看水浒传；看烟，赌，娼案，好像看海上繁华梦；看男女私奸新闻，好像看玉梨魂；看弃妇在法院的诉苦词，好像看红楼梦；看宣传书画家卖字画的新闻，好像看儒林外史……

总之，上海各日报的本埠新闻，大概不出乎上述的几种范围，而风味又和几种旧小说相同。

因此之故，所以绑案越多，剑侠小说越风行一时；海上繁华梦虽然现在不销行了，但是上海人对于烟，赌，娼的趣味，还不出乎繁华梦的范围；以私姘而代替自由恋爱，为上海人的习性，玉梨魂之尚为一般人所传诵，也是这个理由；红男绿女式的婚姻问题，上海的绅商阶级还是保持着，虽然因清律的进化，叫他们去争遗产；叫她们去申诉丈夫对她们的压迫，就看最近的谭眉影和梅妃的诉讼案罢，还不是与林黛玉和薛宝钗的争风相似？不过是将红楼梦重印至第十万〇八版罢了！卖字卖画要以自命是遗老或遗少做幌子，从清道人吴昌硕以至等等遗老和遗少，真是数也数不尽，儒林外史的价值在这里；上海智识阶级的背景也在这里！



## 5

话不妨说开来罢，再谈一谈上海的赌：

“什么都可以变成赌博，”这句话不会冤枉了上海。

请看罢，诗谜，现在是上海的赌博之一，起先呢，不过就只半淞园有，而赌胜负，不过是陈皮梅和橄榄之类，后来大世界一利用她，变成赌香烟，实际上已是赌钱，现在简直是用钱赌了！

再如回力球，在先原不过是一种运动，在上海就成为一种很大的赌博了。

又有赛脚踏车，这是儿童以至成人的玩意儿，在上海也变成了赌博。

其余本来有赌博性的，如跑马，跑狗，轮盘赌之类，那简直不用说了。

这些都限于成人的赌博，而引诱儿童的法局也不少；就说最近发见的一种罢：将一个方木块，挖几十个孔，里面放着不同的食物，将纸封了起来，给他一个铜板，就有挖破一个纸孔而取得好食物的机会，于是整天的在儿童面前叫喊着：

——一个铜板一下，打头彩呀！

这种人的生意越好，而上海儿童的好赌根性已培养成功了！

## 6

然而，我在上海终于耐烦地寻找春的消息，既然在红木铺造的路上寻不着，叫我上那儿去寻呢?

记载万事万物的日报，既然是旧小说的翻印，而弄堂里面不但没有春的消息，而且满充着深秋的肃杀之气，那个被人收受了的婴孩，又至今尚无缘一见，叫我上那儿去寻呢?

我彷徨着，在死气沉沉的上海……

又是一个午后，我将红木铺造的马路踱过了一半，向右手转了一个弯，到了所谓香粉弄的昼锦里了，我每次走过香粉弄时，总作如此想：大概革命家走过香粉弄的一刹那，常会将革命的情绪暂时抛掉了吧?

那种醉人的香味，那种富有柔媚性的丝织品，她有软化硬汉的力量。

所以我相信我这种推测大概是不会错的了。

我正式走进了幽静的香粉弄，出乎我意外的，在那 ××× 香粉局的侧门口，看见了许多卖花的聚集在那儿。

有卖清香的腊梅的；有卖通的天竹的；有卖从暖房里取出来的夹竹桃的；有卖水仙花的……

——居然寻找着春的消息了！

我不禁叫了起来！

我迅速地走了过去持着一枝大夹竹桃问道：

——几铟一枝？



那卖花的人瞥了我穿的灰布袍一眼，慢腾腾的说道：

——侬要买（马音）吗？格种物（没音）事贵（居音）来希！一块洋铟一枝！

——好罢买这一枝。

我将衣袋里仅有的一块钱交给了他，拿着一枝夹竹桃，回身就跑，虽然我是因为没有了乘电车的钱跑回家的，但是觉得十分的痛快！

一九三一，二，十三，上海。

# 赏春小品

（魏南潜）

春来，蜂蝶把消息带给园子里的百花，太阳以明艳的光影投射在年轻人的笑脸上，大地的一切都有了生气，念着雪莱的“倘冬来了，春还在远么”那句子，记忆力仿佛觉得有点儿坏，去年，冬从什么时候来的，此刻倒也茫然了！

春来南国早，冬还在北极的国度里恋睡着哩。不久以前报章上登载过一段探险的消息，探险家们的国属和探险目的地全忘记了，只记得那边地方的冬期特别长，他们就准备等在那边过一个长时期的蛰居生活，借此从事书本上

*High time to go out of doors.*
寻春女伴（魏守忠摄）。

*The season for songs.*
可堪桥上怯春寒。（叶长烈摄）

*Peace.*
春在湖心，人在轻舟里。（栾伯训摄）

关于那地方的研究。他们到底是探险家呵！平凡的我，知道的是春来可喜，万物经过了寒雪的摧残终于有生意吐露的一天，此中消息，做人最该体味，何必别井离乡，跑到一个没有春天的地方去过那蛰伏避冬的苦日子？

我爱春天，非有所恋恋于春之景色，春色诚然是可爱的，但没有春意之可贵。春意是生机的透露。看见了园子里一株小树抽出了嫩绿的新芽，想起它曾经摇摇抖战于肃杀的秋风里，曾经生生给埋葬在严寒的冬雪里，而，几月后的今天，得受春阳与和风的照拂，新的生命又开始燃烧着青春之火了，我们就该懂得天道人事是息息相通的。如其春有鼓动人们情感的魔力，那就在于春意透露了自然的生机呵！

善饮酒者，他们不是陶醉于温馨的甘味里，正如爱

*Spring enriches the wealth of her beauty.*
人面桃花相映。
（魏守忠摄）

*"The weather makes me annoyingly lazy."*
妇人的春色。
（方山摄）

吸烟的人们，烟味不会引领他走到陶然的境界里去的。酒和烟，是人们生活的味精，但它们本身倒没有多大的意义，试问有烟癖的人为什么老是要抽烟，他们的答话大概是“成习惯了，没法可想”。再问：烟有什么味道呢？他们一定胪举着很多为什么要吸烟的理由，似乎人在某一定的时期，烟倒非吸不可的。是习癖，当然为的是“吸烟”，而不是“烟味”啰。“吸烟”又要提出理由的，那又是转到“吸烟的艺术”上去了。一种东西的好坏，不应该从它的本身价值上来审断评量，因为事物本身是没有标准的价值的，全视乎各个人看法的不同而别。说酒是每饭所必需，此人就不是个懂得酒中乐趣的，人在不必需要借酒来“浇愁”或“增乐”的时候，酒能给予你什么好处呢？



吸烟和饮酒，正好比之于赏春。春谁不爱，便没人不

*Chilly spring morning.*
她们生活在春天里（卢施福摄）。

赏；但赏春的态度就值得研究。春对万物未必有着轻重厚薄的私心，而万物之于春，反应的感受似乎很难一致。睹春花则喜，听春雨则愁，在人类情感共通的原则上大体是相同吧；然而同是花也，甲是花迷，爱其绚烂，乙携爱侣，竞比花容：因所赏之不同，便所喜之各异。如其在我，看见春花竞发，不觉又想起自然的生机了。像烟和酒，春自身的价值是模糊不过的，你说春天可爱，当然很有理由，但不论如何说法，你不能够拿来作为春之价值的定论，因为那只是说明你的赏春的态度而已。

我们还可以进一步说，春的本身原无价值可言的，正如天下事物随便人们怎样看法一样。桃花长在春天，增加春色不少，这一月来龙华道上就多着为爱桃而远来赏桃的人。但我记起古人崔护的几句诗："去年今日此门中，人面桃花相映红；人面不知何处去？桃花依旧笑春风！"如此，轻飏在煦煦的春风里，桃花不是依旧向人展着轻盈的笑脸么？有嬉春的姑娘，有寻春的公子，他们生活在春天里，自觉着春色宜人，满怀欢笑；可惜的是苦了前度刘郎，重来崔护，感触着当前美景，追念着逝去了的欢娱，即使逐队寻欢，也是排不下春来僝愁的。

由此想起，世界上尽有着不少没有春天的人们，他们不是感觉到自家过的日子不是春天，便是给春天遗忘掉了。眼前的季候分明是美丽的春天，但他们每每得不到春天的恩惠。如果是诗人，他们便会哼着伤春的句子；如果是音乐家，他们将低弄那愁郁的琴弦。

如其什么都不是呢？他们就只有踏着现实的路，以工作来消磨自己的光阴，让桃花在盛春的艳阳里争妍，在残春的轻风里凋萎，春天忘记了他们，他们便过着不是春天的日子。

所以，赏春的话，其实倒也难说的。春在人间，快乐者见之而喜，伤感者见之而悲，悲喜之缘，俱由人起，春无需负责，也无从负责。杜审言曾经有过“愁思看春不当春”的诗句，说是春来，不当它是，其故乃在以愁思看春。人有愁思，对春景也不能排，是则人之过也，干春底事呢？

# 给春天忘却的人们

*What's spring to me, when my own spring is gone.*

春风拂动她的蓬乱的鬓发，低语告诉她春天来了，然而破衫里面掩盖着的一颗老丑的心，可相信她自己没有给好春忘记了么？（杨冠盛摄）

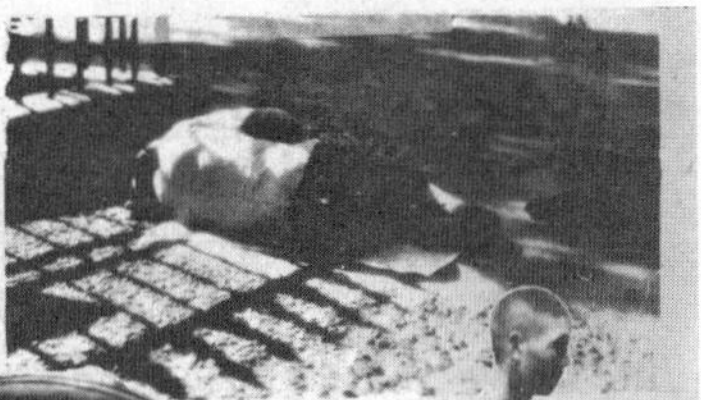

*They are here, because they have no sunshine in their homes.*

矮屋里看不见美丽的春阳，他睡倒在空旷的马路上，以此接受一点阳光的恩惠。（谢晨光摄）

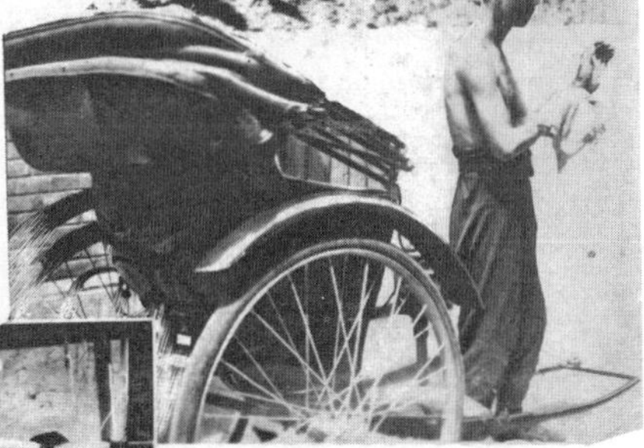

*When it is spring to those who ride it is summer for those who pull.*

季候是初春，拉车子的已觉着炎炎的盛夏来了。（陈嘉震摄）

*Not the singing of the birds, but the groaning of the looms.*

没有鸟语花香，只有机声汗臭。（卢施福摄）

*Spring neglects those whose existence is threatened by famine.*

给春天忘却的人们。（黄灾救济会在汴设立之妇孺招待所内难民一部）（王子英摄）

*Miners seem more accustomed to the darker side of life.*

矿山里，人们看得见灿烂的春花么？（云南个旧锡矿工人）

# 华氏表九十八度
*HEAT*

*Dancing and Love-making in spite of the summer heat.*
常常生活在九十八度的热度里的，是夏威夷的女儿，热的歌，热的舞蹈，更有的是热情！先生，你还说怕热吗？

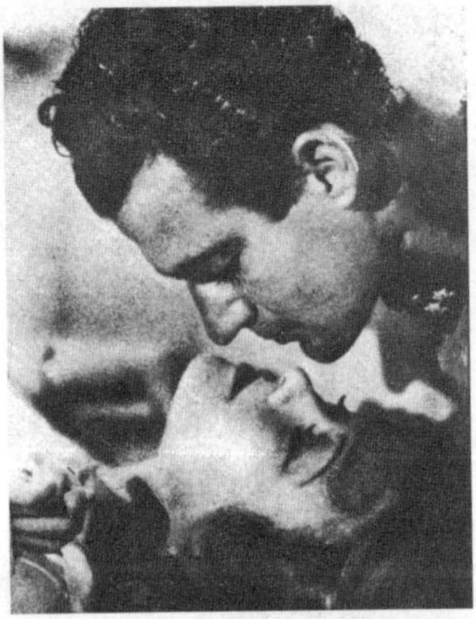

*The heat of passion at its highest.*
听到那呼吸的紧促，和心底跳动吗？是的，老实说，这早已在九十八度以上的了。

*Black clouds; a sign of relief after a day of burning heat.*
物极必反，苦热之后自然会有凉风和甘雨的。这里的黑云已经在酝酿着革命了。（鑫兮）

*Why nudism becomes popular.*
衣裳是为冬天而做的。把衣裳脱掉吧。不是为了“回到自然”，不是为“裸体运动”。热，这是唯一的原因。

*There are dog biscuits, why not dog ice-cream?*
可怜的小狗，没有电风扇，也没有冰淇淋！

*Nice summer resort.*
困人的夏天呵，在这里睡一会吧，此地有轻的湖风，有香的荷叶。（聂光地）

# 一百零四度的上海

（杨邨人作文　江栋良绘画）

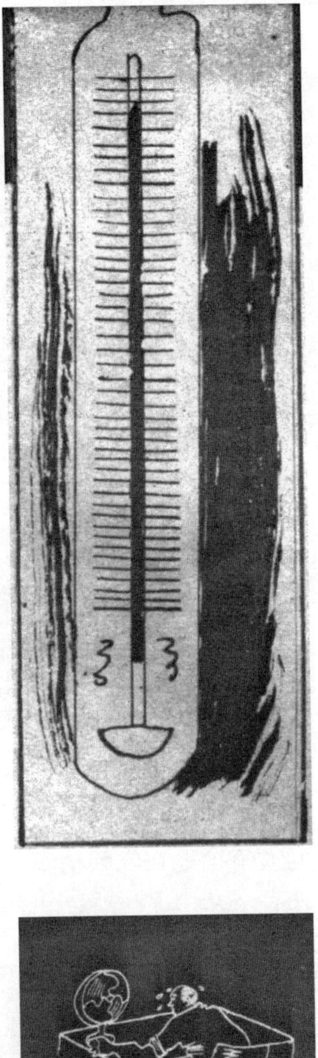

特写：寒暑表从九十度很快地升上一百零四度四。

近景：南京路上，太阳如火伞似地晒着走路的人，空气都晒得混浊如雾，“大减价”布旗子以及每间商店的市招懒洋洋地垂直着，一点风丝都没有。特写：马路上的柏油在溶化。跟镜头：三大公司，公司里头电风扇四处开着，顾客零零落落地在买东西。由远而近，到了收账处，桌上的摇头台电风扇吹得纸张飞动，会计员那西装少年一面办事一面觉得还是热似地伸手将电风扇开快些。特写：桌上摇头台风扇。Disolve：一把摇着不停的大葵扇。退镜头：显出拿着大葵扇的人，那是城里街上杂货店的有胡子的账房先生。他虽然坐在柜上可是没事做，只是摇着大葵扇。再退镜头：由近而远

地显出全间杂货店来，店员们都摇着大葵扇坐着，大热天，生意冷淡，一个顾客都没有。退出了店门，狭窄的街上，行人连长衫都脱下来只穿短衫短裤，有的还赤着背。淡入：到了一个穿短裤，赤着背流汗在走路的人。Disolve：同是一个赤背流汗的人，可是那是一个工厂火炉间的工人，他的背上的汗如水般的流，他还是铲了煤送进那火焰伸出炉口的火炉去。

近景：纱厂拣纱间的女工在伸手进热汤里头拣纱。中景：水蒸气蒸得一个女工的脸上汗水在流。特写：一只手在拿起热烘烘的纱。Disolve：一只手在拿起一杯冰淇淋。退镜头，中景：那是一位有钱的小姐，坐在电风扇边吃冰淇淋。



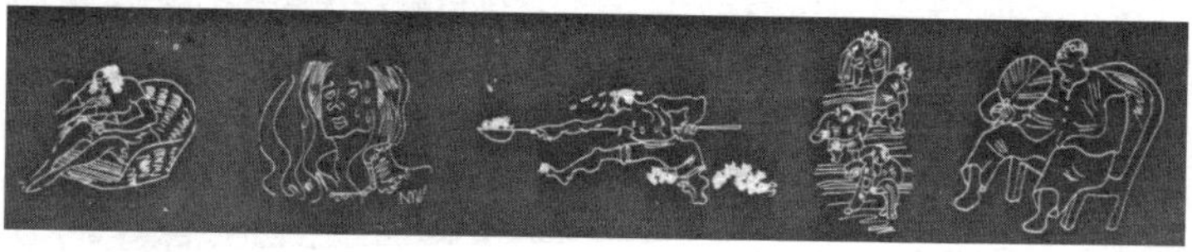

特写：市招上一个大字，“冰”。几个中景：坐在冰淇淋店里的人斯文地在吃刨冰，汽水，冰淇淋；站在马路边的人争抢地在吃酸梅汤，黄包车夫牛饮似地停在施茶桶边在吃冷茶。

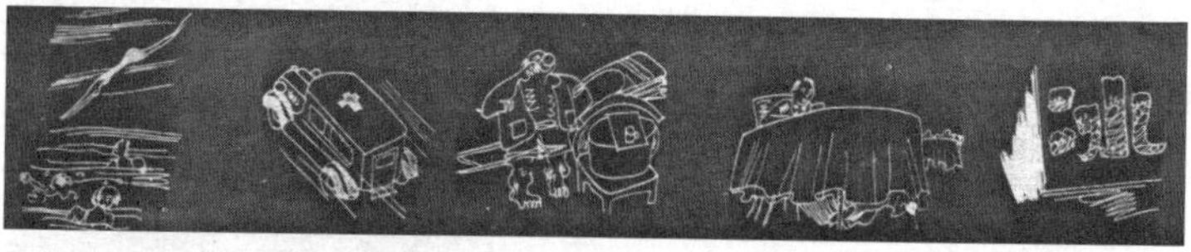

远景：杨树浦工厂区，马路边有走路的人，又有黄包车夫中暑晕倒。近景：人们围着，工部局救火会病人汽车

将中暑的人载去。几个特写：那部救急汽车，在这一地方载人，在那一地方载人，不知道究竟从马路上载去了多少中暑晕倒的人。

远景：虹口游泳池。近景：男的女的，老的少的，在水里游着嬉戏着。他们与她们，反而感受了热浪的恩惠，在快乐着。

远景：太阳如红球似地滚下去，黄昏时分，天上红霞迫人，一回儿夜来了，马路上的电灯亮了。

远景：白渡桥上，挤满了身穿白布短衣短裤手摇扇子的人在乘凉。从桥上望到水边的公园，里头也是挤满了游人。

近景：跟镜头：僻静马路边乘凉的人，有的坐着，有的睡着，老妇人们只穿了一件腰兜，裸着上身在摇大葵扇。特写：摇着的大葵扇。Disolve：变成了飞动着的四翼交流吊大风扇。近景：那电风扇下面，绅士小姐们在跳舞。跟镜头，近景：从跳舞厅到门外，显出绅士小姐们坐在乘凉，显出绅士小姐们在打高尔夫球。

近景：舞场门口，两三个绅士小姐坐上篷式汽车。跟镜头：那汽车，从市内跑到郊外兜风，绅士小姐们头发与领带在飞动。淡入。

远景：闸北工厂区的僻静马路上，两旁家家户户都在

门口睡觉。近景：打横倒直地睡着一些穷人，大葵扇这边摇着，那边摇着。远景：那些穷人们的睡相，就好像挺尸似的。淡出。

字幕：热浪猛侵上海，活受罪的只有穷人。（完）

## 大上海的热景

（陈嘉震）

时候到了六月天就热了哩！太阳变得像火炉里烧红了的烈火似的，热浪征服了整个的世界，东方，中国，大上海。

寒暑表管子里的水银开始往上涨，慢慢，慢慢地从九十五度那儿一直爬上了一百〇四度那里。柏油路一点一点儿的由硬性而转变到软化，一点一点儿由软化而成了熔化。热哩！二十二层的摩天大厦缩进了脑袋，热哩！黄浦江的流水像烧开了样的。

一九三四最流行的顺风牌，冒着毒太阳溜过了外白渡桥。溜过了银行街，速度慢慢儿减下来，当到铜人码头的时候就停住了。从它肚里钻出一个个白凡拉丁双裤腰双排扣的西装裤，绸子织衫，背带；黑夹白的皮鞋。派拉马软木的白帽。无疑的是第一流的高等华人。跟着出来的是：袖子长在肩膀上的，领口开在前胸边的，所谓一九三四年最摩登的夏装，用薄得像玻璃纸一般的，软得像留兰香样的乔其纱做成的。一阵带着热味儿的风吹起了开叉那儿的衣角，于是露出了赤裸裸的棕色大腿。他俩挽着手望市轮渡走去。

市轮渡在火热的太阳下渐渐地离了铜人码头，渐渐地离开了外白渡桥。江海关的巨钟慢慢儿慢慢儿渺小了，金字塔样的沙逊大厦慢慢儿慢慢儿模糊了。

蓝的天空，红的太阳，黄的海水，带着凉味和腥气的江风，吹着市轮渡，吹着每一个人的身子上，于是大伙儿全乐开了。

高桥到了哩！于是大伙儿全上去上去，公共汽车塞得满满地把这些人装运到海滨，泅水去，男的女的，一对一对的，一双一双的。小孩子一车车地跟在公共汽车背后推着推着。

南京路沙利文大菜馆里边，挤满了黄种人和白种人。大家坐着拼命的呷着沙溜水。

“外边那么热，里边这么凉。”

“BOY”

穿着绿背心的 BOY 两手托着盘子，盘子里是一大杯一大杯的柠檬水和冰咖啡。大家刚吃得挺对味的当儿“叮当叮当叮当！”的救护车望沙利文门口飞样的开过。

“今年不知道热死多少人哩！？”

“还算热不着我们身上来。”

一壁喝着屈臣氏的可口可乐，一壁拨着电话 40000。

“祚生吗？快放一部车子来。”

挂上了听机：

“黄妈，把我的浴衣，帽子，毛巾，全放到小皮箱里去。”

钻进了绿色汽车的肚里，对穿着灰色制服的车夫说：

“虹口游泳池。”

车夫就摆动了转向轮，按了一下喇叭，四个橡皮轮子就在平坦的软绵绵的柏油路上很快的滚过去。

“蓬……蓬……”

人，男人，女人，从跳台上往下跳，跳到水里去。一个，两个，三个，老是那么样，跳着，跳着。

大热天浮在水里是多么有趣多么好玩的事。大家都带着笑脸儿。从池子里上来的，湿淋淋地跑到草地。

“大林，你累了吗？”

“不，一个很有意思的微笑。”

幸福的草地，上边坐着一对一对的青年的异性人儿们，坐着的，躺着的，睡着的，各式各样全有，中国外国的都齐，好一幅名贵的伟大的出浴图。

当 70050 的黑牌汽车，从爱多亚路穿进了霞飞路。那时候正法兰西人狂欢的时候。

法国的国庆纪念把中国租借出的公馆马路一带电灯和

牌楼点缀得十分的堂皇，照耀的比白天还亮。顾家花园里可是真热闹，可都是中国人哟！洋太太在车里冷笑地说：

“法兰西国庆，要这些中国人高兴干吗？”

黑牌汽车好容易弯进了东方蒙特卡罗的亚尔培路，Auditorium 的年红电光字远远地在欢迎着她。车一停洋太太立刻跳进了水晶晶的一对玻璃门里去。

“老天你真要穷人的命吗？”

种地的农人跑在龙王爷的像前，求着雨。眼望着龙王爷的脸，龙王爷的脸是静默着，没有表情。眼又望着天空，天空是蓝蓝的没有云，没有下雨的象征，于是农人们急了，大声的太息着说：

“老天爷，你要我们穷人的命啊？”

## 炎夏三友

### 扇

扇子是夏季的恩物，不仅是为了扇风取凉，而且为了装饰的点缀。（李世芳摄）

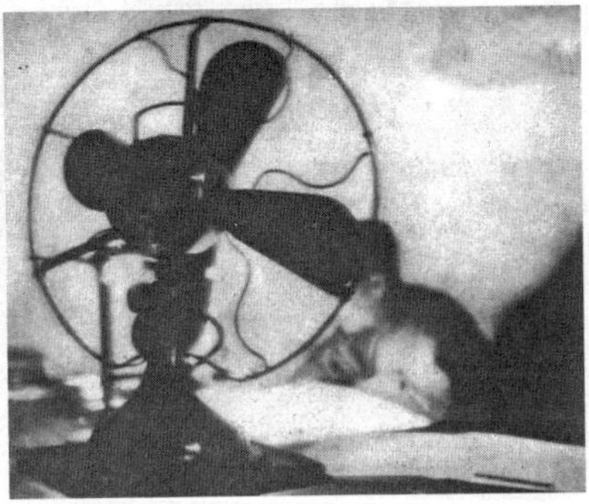

唯一最实用的扇子，无过于电风扇，现代科学的贡献，就是使人们更舒服的生活。

从扇的式款上可以分出人们的级别，少奶奶用少奶奶的扇子，工人却用他们惯用的葵扇。（吴宝基摄）

扇面书画在我国的艺坛上是另成一格的，到了夏天，书画家也就忙于题扇。上图便是书家沈尹默挥毫题扇的写真。（吴宝基摄）

# 伞

夏日炎阳处处，市廛上小贩唯一避热的方法，便是在临时的摆摊上高撑起洋布大伞。

同是遮阳伞，可是在海滨上排列撑着的却美丽得多了。

美丽的洋伞对于时髦的小姐是有一种以上的意义的，好像冷天时的围巾一样。

交通线下的一把巨伞，是维持交通秩序的警察的一大恩人。

# 帽

倘若嫌洋伞提带不便的话，阔大的草帽就是唯一可以替代它的东西。人类对于自然的反抗，可谓无微不至了。（周义摄影）

虽然是小小的帽子，但对于这一类长日在热毒的太阳下面的劳苦的人们，其意义是多么的重要。

勤劳的人们的手在忙于为生活而工作着，无暇张伞，无暇挥汗，也无暇于讲究戴时的姿势形式……

你能够想象出世间上竟有这许多古怪的，却是正当用途的帽子吗？这里便是一个实例。戴帽的是一群海滨的女郎们。

# 秋之象征

*Holding together.*
秋风起了！（交通社摄）

*Trembling in the wind.*
丹枫之舞（赵澄摄）。

*Autumn is a good season for the painters.*
秋——艺术家的季节。（少安摄）

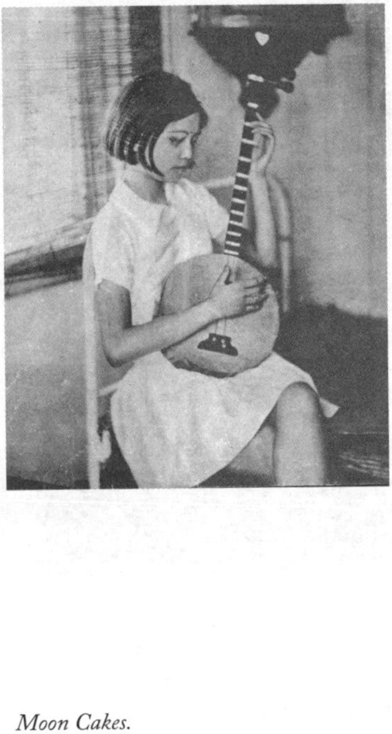

*In meditation.*
一曲寄秋思。（国际摄影新闻社）

*Moon Cakes.*
中秋月饼上市。（国际摄影新闻社摄）

*Crickets are children's pet in autumn.*
蟋蟀的受难时候。
（国际摄影新闻社）

*Fall is here.*
是处红衰绿减，冉冉物华休。
（支更生摄）

*Feeling lonesome.*
多情自古伤离别，更那堪冷落清秋节。（赵澄）

*Waiting patiently.*

可怜秋闺怨妇，江流长望，误几回天际归舟。（施益庵摄）

*Special autumn sale.*

商人的应时手腕——秋季大减价。（国际新闻社）

# 冬日杂话

（马国亮）

早上，太阳已经散满了房子，人还躲在被窝里不愿意起来，偶然把脑袋探出来，就觉得有点难过。然而吃饭做工，又是非起来不可，心里数着一，二，三，蓦地推开了被，跳起来，立刻打了两个喷嚏，心里恍然大悟，原来季候已经冷了。

洗过了脸，正在穿上衣服，挂了一夜的衣服，胳臂伸了进去，但觉冷气森森，既寒而栗。忽然想起一个朋友说

*There Comes Our Long-expected Visitor.*
堆絮。（良友摄影团摄）

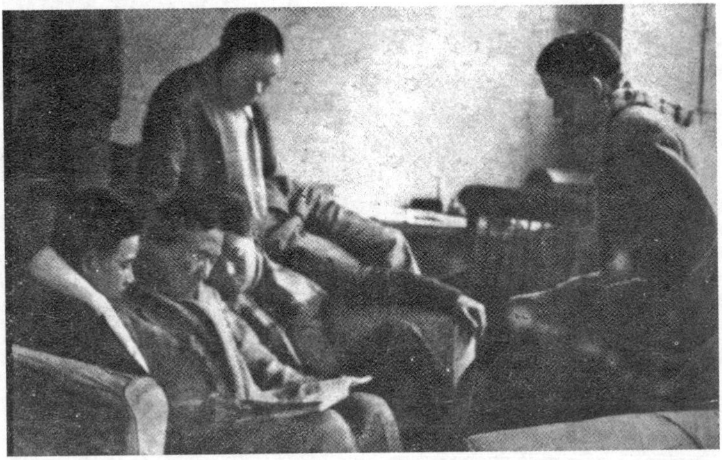

过，人生最聪明的事便是最愚蠢的事的一句话。实在很有道理，譬如白天穿衣，晚上盖被，看来确是聪明办法。但是早上才把被窝睡暖了，却跳起来穿上冰冷的衣服，到了晚上，衣服已穿得暖暖的时候，却又把它脱掉，钻入冰冷的被窝，每天如是，说起来确是愚不可及的。大智即愚，这是明证。

常人说胖子最怕热，其实瘦子亦何尝不怕热；恐怕是肠肥肚满的人才有权利叫苦的道理罢了。而且，难道胖子天冷时就不穿狐裘么？真的，暑天虽有电扇和冰淇淋解热，但总不如冬天炉边拥裘，有满室生春之妙。然而夏天既无电扇，也无冰淇淋，和冬天既无炉可围，亦无裘可拥的人，难道就是天生的铜皮铁骨，不怕冷和热么？假如我们没有愚蠢到凡人类都是皮肉所构成的常识也不知道的话呵！

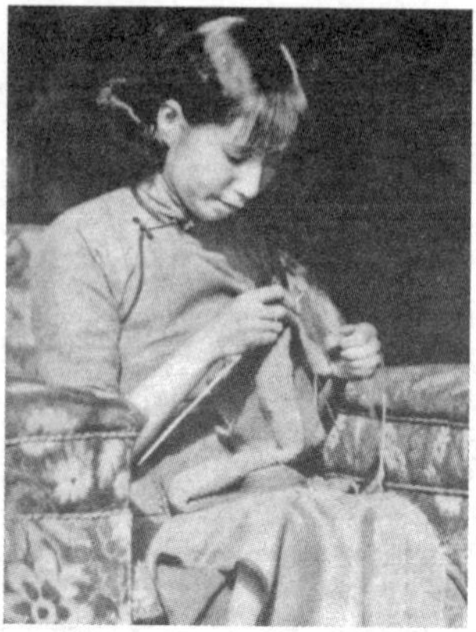

*Hurry, for Babe might catch cold.*
忙煞织绒衣。（谢恩祈摄）

*And electric—cleanest and best.*
炉火生春。（欧阳璞摄）

有人说，冬天比夏天好。

有人说，夏天比冬天好。

如果我们承认心理是受环境支配的话，那末我们不能否认以上的两个意见各有其理由在。什么理由呢？说穿了平凡得很，一言以蔽之，便是多半胖子有狐裘火炉，多半瘦子没有而已。

去年冬季各大百货店认真大减价，互相拉拢顾客，竞争非常利害。今年盛况，自然不减从前，并且减完之不足，还得继续展期多减十天。走到里面一看，单以皮货而论，则羚羊毛跌价到一二元一件还不见得有多少人过问，而价值数百元以至千元的狐裘或貂皮则比较反为畅销。情形正像近年的绸缎比土布更畅销的同一正比例。不觉领悟到所谓不景气者原是一部分人的不景气而已。怪不得座价一二元的国泰戏院大光明戏院等常常满座，而座价仅二三角钱的影戏院乃常常顾客寥寥。一方面做小生意的说市面冷淡，而据称为更加堂皇富丽，后来居上的大上海戏院，百乐门舞场等正在日夜赶工，预备开幕。谁说人们没钱？谁说人们都被卷进不景气的浓雾里去呢？如果没人说我是杞人忧天的话，我确颇为忧虑，恐怕两年三年而后，一切小戏院都会全数关了门，仅剩了大上海，大光明，和国泰等日夜车马盈门，而市上所见也只是绸缎与狐裘，羚羊皮与土布却早就绝迹！

我仿佛觉得中国正朝着历史上别人曾经覆辙的路上走去。

九岁的珍妮对我说她怕冷，问什么时候才会暖起来呢？我对她说，快了，春天跟着会来的。

快了！我自己实在也

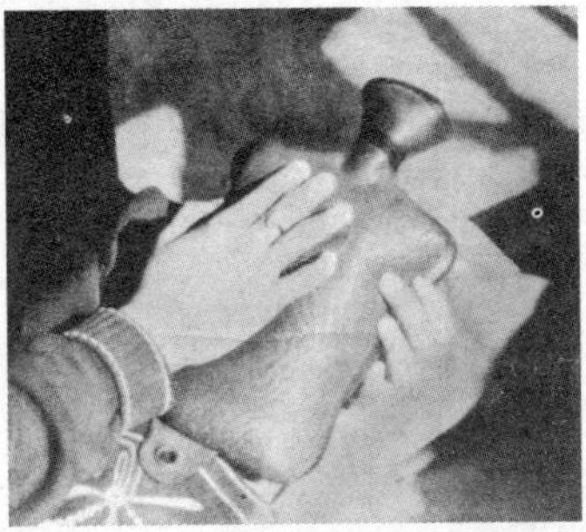

*Women's One Necessity.*
取暖。（洛文摄）

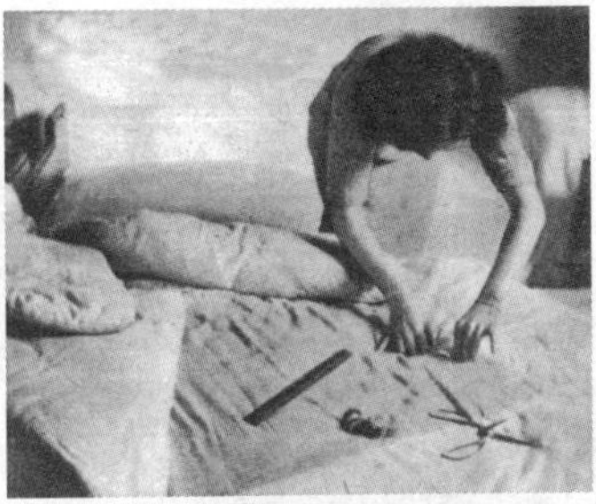

怀疑起来。日子是过得这样的慢呵！

覆辙之后才会得去找新的道路，而春天也终竟要来到的。我拿这话安慰自己。

*Plenty Ready-mades. Here for the Wifeless.*
应市旧皮衣。（张沅恒摄）

## 失地备忘录：金山卫盐民生活
## SALT–MAKING IN KINSHANWEI

*The little town of Kinshanwei, in southeastern section of Kiangsu Province, is well known for its salt mines. Unfortunately, the place has been occupied by the Japanese, and the story goes that its occupation has been effected by the help of the local residents who desire a change in the government. However, the towns folks still carry on their trade, as many generations before, and here we, illustrate the daily toil of these people.*

去年十一月五日，当苏州河激战最烈的时候，敌军忽以军舰五艘，在敌机七架掩护之下，陆战队即在金山卫登陆，直扑金山而占松江，断我沪杭交通线。致东战场之大势为之一变。按金山卫，原为金山县城，因为地频海滨，常受倭寇的骚扰，乃迁朱泾镇。故金山卫乃日益衰落。这地以产盐鱼为大宗,大半居民依此为活。但因为苛税重重，盐民和渔民的生活苦不堪言。此次敌军在这里登陆，曾有人传说是当地民众所引导，如甲午之役日军攻破旅顺军港是由当地渔民带路的结果一样，这消息也许近于无稽，但即或金山卫的民众不曾做过这样的事情，消极的不合作还不是最好的步骤，我们必须积极在各地农民中尽量灌输抗敌的意识，组织并发动民众抗战的实效，每个地方的民众倘都能如此运用起来，抗战前途才有希望。我们相信，金山卫如果在事前有计划地做工夫，则日军登陆决不会如此便当，东战场的战局也不会动摇得这样快。但若发动民众，则地方政府对民众的态度不能不自己先加一番检讨，否则还是不易收效的。金山卫目前已成失地了，何日收复，得待我们的努力，而对于未失领土的如何保持，军事以外的周密的设施，也应不容稍缓。我们不要忘记金山卫，更不要忘记这一个血的教训。

*Selling salt to one of the agents.*
每盐一斤，核价二十五文，盐民的辛劳从这里获得他的酬报。

*Eighth-tenths of the one thousand or more of the village population engage in salt cultivation.*

（1）金山卫，这里有一千多户，其中晒盐的已有七百五十户。

*This hill is the historic spot where a Chinese general once defeated an invading army.*

（2）金山卫的小观墩，是昔日戚继光剿倭寇的指挥台。

*What seems to be a barren land turns out to be a fertile field for the villagers.*

（3）钦公塘内晒盐，塘外制卤，这是制盐卤的灰场全景。

*A scene of the salt field cultivated by the village.*
（4）有些盐场很大，面积东西占十五里，南北五六里。这里是城西的一个晒盐场。

*Digging a distiller well in the salt-making process.*
（5）风吹日曝，艰苦的盐民在开拓新灰场。

*Pouring the sea water into a distiller well.*
（6）将港潮倾入卤水池，以便制卤。

*A repeating process in the distiller well stage.*
（7）井廪里的卤已渗到井里了，便由卤井内提汲出卤。

*Toilers of the salt fields: a group in a morning shift.*
（8）挑的挑，歇的歇，在钦公塘外，黎明时工作一瞥。

*Into each vessel goes the best ingredient of salt mixture.*
（9）一身的重负，随着卤水倾入卤缸去。

*Placing the salt in a basket, ready to sell.*
（10）老头儿驼着背用菜刀括盐，把盐盛在篮里。

*Women workers assorting the salt in different grades.*

（11）在盐警虎视眈眈的监视中，战战兢兢地括盐。



*The product must be stamped "Pass" by the salt revenue authority.*

（12）盐警在盐上打了个"查"字，便算是公监，在卖给"称放局"之前，绝对不许动它，万一这一"查"字上差了点儿，就有偷私盐嫌疑，非重办不可了。

*Carrying the goods to the market.*

（13）把时间与精力的结晶，一担担挑去"称放局"。

*In the office of the salt agents: sellers receive a ticket for their goods as identification.*

（14）到“称放局”把盐交了之后，盐民领到了一张收条。

*Agents collect the salt in so many bags and resell to the distributor.*

（15）称放员把盐收到了，再袋起来，交到总厂去。

*The distributing centre for all the salt agents in the district.*

（16）盐由此金山卫中的八个分厂运到总厂，才由总厂出售。

# 铁丝网下之上海租界

（徐时　焦超摄）

八一三沪战二周年，上海租界当局特别戒严，形势之紧张，与二年前沪战爆发时无异。本页所刊诸图，可见一斑。是日中国市民于沉默中度此纪念节日，租界警务当局，因平安无事，均额手相庆。

*A private car is being searched for arms by policemen.*
各通衢口所经过的汽车都加以搜查。

*Foreign troops, S. V. C. and police force in Shanghai mobilized.*
执行搜查的角色：外兵，华捕，包探，西捕头。

*Goddess of Peace on the Bund in war clothe.*
矗立于黄浦滩畔的和平之神皱着眉叹道："而今我也被围于铁丝网里了！"

*Rickshaws are also subjected to search by policemen.*
一辆包车正由西捕翻查坐垫。

*Passengers are being searched by police in Ave. Edward VII.*
路人经过无一不被周身搜查。

*Small streets and lanes are being closed by wire entanglement.*
除通衢要道外，其余次要路口一律加以封锁。

*British troops on guard at North Kiangse Road.*
北江西路铁丝网里的英国兵。

*Armoured car and police force guard the corner of Kiangse Road and Ave. Edward VII.*
马路口酷似前线，颇有一触即发之势。

# 上海租界之不安
# *TRYING CONDITION IN SHANGHAI*

*The problem of Extra-Road Settlement is again in the limelight while the Ta Tao police invading the areas. The rights of policing and collection of municipal rates are among some of the most important issues awaiting for solution. The S. M. P. and Ta Tao police are seen together at the corner of Yu Yuan Road. and Edinburg Road.*

沪西越界筑路区域之警权及税收问题，在沪战前俞鸿钧市长任内，曾与工部局方面商得一双方均可接受之办法，终因日本董事之反对，遂被搁置。自中国军队退出上海四郊后，租界当局屡受压迫，沪西问题，更为争执之中心，欧战爆发，日方鉴于英法两国已无暇顾及远东，乃派遣伪警，侵入沪西越界筑路地带，图中所示忆定盘路愚园路转角之岗位上，读者即可见及印捕与伪警并立站岗之影。十月二十日晚七时，喧腾中外之印捕及华捕被暴徒袭击事件出事地点即在图中之交通灯下。工部局对于此事已严重表示，决不放弃越界筑路地段之任何权益矣。

*Ta Tao police on patrol along the Great Western Road, Avenue Haig and other sectors of Extra-Road settlement area.*

与租界巡捕同时站岗之伪警及往来于大西路一带之伪警巡查队，其制服为草黄色，帽加白边。

*Large group of S. M. P. force on patrol after terrorists stirred up troubles in the so-called Extra-Road Settlement in the Western district of Shanghai.*

在沪西越界筑路地段袭击工部局巡捕事件发生后，租界方面在大西路一带将警力增加数倍，以维持该区治安。

# 岁尾年头孤岛杂景

# SHANGHAI AT THE LUNAR NEW YEAR

（谭志超　焦超摄）

*Big crowds thronged the City Temple Emporium in French Concession during the New Year holidays.*

旧历新年中法租界之邑庙市场，万头攒动，其热闹情形，不亚于昔日城内邑庙之盛况。

*War refugees flocking back into Shanghai from the occupied Zones where the situation far from normal.*

内地群众前虽被诱返乡，惟内地生活所需均遭统制，无法安居，故不得不重返孤岛，致街头巷尾，往来行人，满坑满谷。

*Because of Japanese restrictions, less food supply arrived, resulting in the soaring prices.*

孤岛蔬菜食物，均受日方统制，时居岁尾，蔬菜来源更显稀少，以致价格昂贵，中下层市民，莫不叫苦连天。

*Manipulations by unscrupulous merchants caused hike of rice price. Several riots were staged and here a rice shop is shown boarded up as a precaution.*

奸商操纵下之上海米价，最高时几达五十元一担，贫民被迫无法生活，抢米风潮相继发生，租界当局甚感棘手，图为米店罢市后戒备情形。

*Some of the rice shops carry on their business through small openings in the boarded shop fronts.*

抢米风潮告一段落后，米店仍不敢正式营业，惟于店门上开一小窗，以应平民零沽。

*Despite the high cost of living, amusement resorts still enjoyed the boom, Theatres and cabarets are all packed.*

孤岛上之生活程度，虽高昂不已，然娱乐场所，反畸形发展，歌台舞榭，其拥挤之情况，为战前所仅见，电影院门口，更高悬客满牌。

*Nantao was reopened but still deserted. It is expected that gambling dens and opium hongs will soon open doors to turn the district into another badlands.*

上海沪西区域，素有歹土之称，烟赌极盛，今南市亦已开放，众信必将继之而成第二歹土焉。

# 良友漫画之页：孤岛众生相
# *SKETCHES FROM THE "LONE ISLE"*

三朋四友，睡沫齐飞，指手“滑脚”，意识万分准确，决非清谈国事之辈！

志士不乏人——囤积居奇，对天立誓，待我一本万利，当然献金救国不迟。

奉送香茗，天天通宵，噱头斜气，此地早无伤兵，报国正待时机。

花雕汾酒，“女子”“三酉”，道池国产，请多饮一杯，以示资金不愿外流。

## 舞场人物杂写

（江栋良作）

拖车——一杯清茶，一支卷烟，冷清清独坐一隅，直要等到所谓“龙头”下场，再由龙头拖东带西。

红舞女——迷汤灌得不多不少，形态若即若离，态度落磊大方，对客人面面俱到，此红舞女之生命线。

龙头山——看他模样，活像一个店馆伙计，日里辛苦，夜里花上二只洋来消磨辰光，跳一只用火柴梗计一根，预算不致出超，恶作剧者把人火柴梗暗中加进，弄得窘态毕露，十足尴尬。

阔公子——有一个女子对他横瞟一眼，于是阔公子格外地装得阔绰，把十二只洋的一只西瓜，只挖了一个心子吃，阔哉！

温老头子——“坐台”一次，买舞票一二百元是谓“阔绰”，而把十足现钞，暗中塞入舞女皮夹中，倒被舞女反视为“老温生”也。

十三点——没有舞客，哭出和拉，有了舞客，嘻嘻哈哈，开出口来，语无伦次，一举一动，不伦不类，故名之谓十三点，舞场切口又叫做“电话听筒”，“老K”。

汤团舞女——虽然毫无生意，但终得搽搽胭脂，拍拍花粉，两个汤团，一搭一挡。挤在“小间里”正在讨论“吸引顾客上门来”的生意眼。

# 饥饿线上——孤岛街头的阴暗面

（谭志超摄）

孤岛是少数人的天堂，是大多数人的地狱！正因为少数人的垄断操纵，物价高抬，遂令大多数人无法营生，饥寒痛苦，渐渐而为街头的饿殍。歌台舞榭越是客满，街头路角饥馑之群就越拥塞，虽然他们竭力发出弱者的哀号，可是他们的呼声已为舞场的弦管，富人的欢笑及喧闹的车马等嚣声所遮盖，谁还注意到他们的灾难痛苦，生死存亡。于是他们惟有辗转于沟壑，凭借着自己的本能来挣扎那脆弱的生命，来延续那残余的喘息。本页所载，即为孤岛街头饥寒线上的片段，读者可以从他们的生活里看到孤岛阴暗面的真正内容，更从他们的身上找出孤岛一切罪恶的痕迹。

*A woman beggar with her baby on her back.*

少妇背着孩子沿街叫化，他们母子俩的生命，脆弱得可怜。

*What is wasted may be of some value to the poor.*

一张废纸，在穷人们看来是像黄金一样可贵。

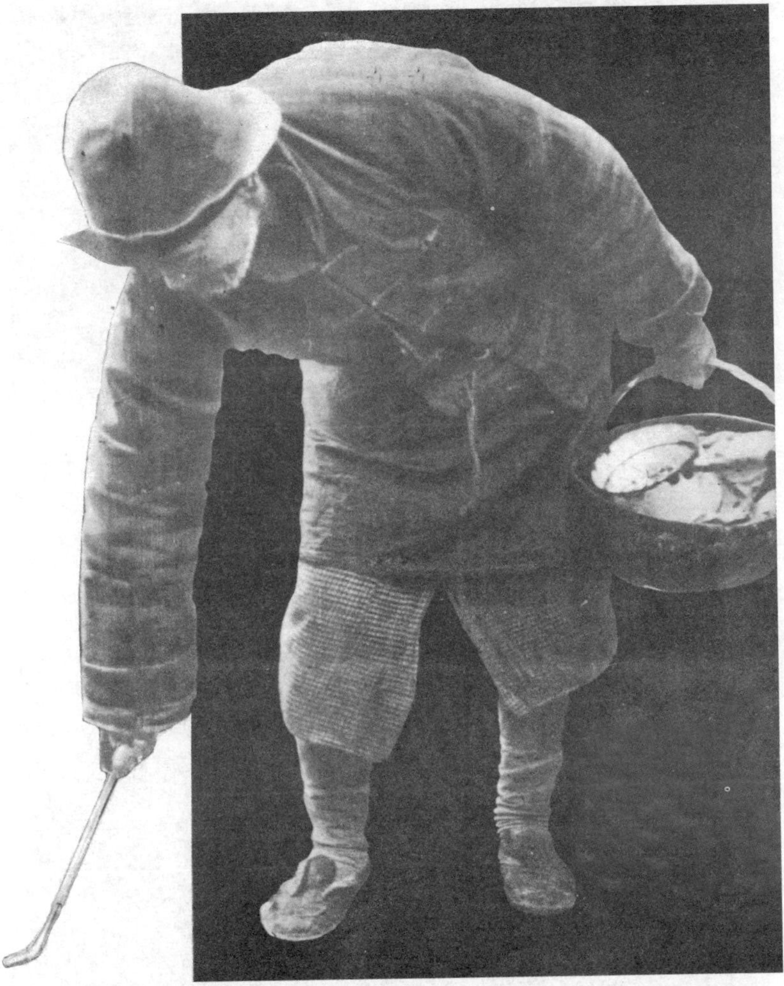

*One of the miserable occupations, picking cigarette tips.*

六十多岁的老头儿终日踯躅街头拾取别人遗弃的香烟余烬，将此转卖别人，以博一饱，江湖术语谓之“捉蟋蟀”。

*Discarded vegetables are cherished by the poor.*

她从菜市上拾取残败的菜叶来营养家里大小几口儿。

*Left-over food, is good for hungry stomachs.*

包饭作的冷饭残羹是叫花子们的佳肴美味。

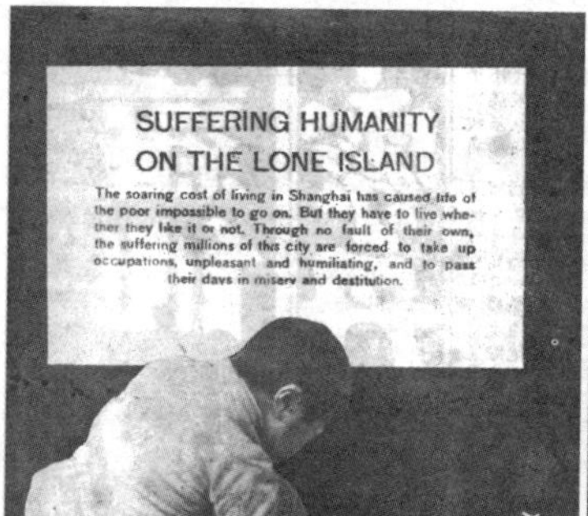


*Appeal for mercy written with chalk on the pavements of the street.*

饥寒迫使他离开学校，在街头借"告地状"乞钱。

*There might be something useful in the refuse chamber.*

不避臭秽钻入垃圾池找寻他心目中的铁片和布屑。

*Women doing mending work at road corners.*
婆媳孙三人相依为命，借缝裙来维持生活。

*Scraping coal dust left behind by a coal truck.*
囤户用大车载煤，穷孩子拾其遗屑如发现沙金。

*Offering a helping hand for some meagre reward.*
他在桥头相帮车辆过桥，希冀以劳力获得一分酬报。

*Suddenly he walks by your side and tells you all of his distress.*

跟者白跟，行者自行，他们常常是小姐太太们的厌物。

*He begs while the red light is on.*

坐在车上的乘客是他求乞的目标，但十九是一无所得。

*Where prospect is good, competition is keen. Fight for patrons is a fight for existence.*
在热闹的地方，主顾虽然很多，可是竞争的伙伴也不少，他往往在这种"抢生意"情形之下以最辛劳的汗血博得了最低微的代价。

*Early in the morning under low-hanging mists, the puller is out with his cart, plodding lonelily and aimlessly from street to street.*
晓色苍茫中他踯躅街头，开始一天的工作，他要从寂静的市街里找寻主顾，有生意固然要跑路，没有生意也不能省却那浪费的脚步。

*A hard-earned cigarette will give him more satisfaction than most discriminative smokers can imagine.*

是谁抛下的香烟头，被他拾着了，那正如拾着黄金一样可贵，虽是那么短短的一段，偷闲片刻，却恢复了半天的疲劳。

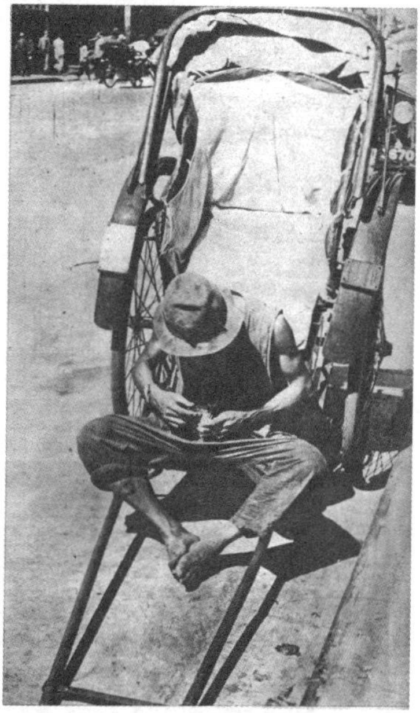

*Sometimes he may find a little leisure and a convenient spot to reckon the meagre reward of his toil.*

腿是跑得累了，汗是流得透了，可是腰包里的钱，还是这么一点点，数了一遍，再数一遍，预算告诉他还得再辛苦一回。